현대 한국복지국가의 제도적 전환

서울대학교 규장각한국학연구원 한국학모노그래프 65

현대 한국복지국가의 제도적 전환

펴낸곳 서울대학교출판문화원
펴낸이 오연천
지은이 안상훈

초판 1쇄 발행 2010년 12월 30일
초판 2쇄 발행 2013년 10월 15일
출판등록 제15-3호

주소 서울 관악구 관악로 1 우편번호 151-742
대표전화 02-880-5252 **팩스** 02-888-4148
마케팅팀(주문상담) 02-889-4424, 02-880-7995
이메일 snubook@snu.ac.kr
한글 홈페이지 www.snupress.com
영문 홈페이지 eng.snupress.com

ISBN 978-89-521-1161-6 94330
세 트 978-89-521-1027-5

서울대학교 규장각한국학연구원 한국학모노그래프 65

현대 한국복지국가의 제도적 전환

안상훈 지음

서울대학교출판문화원

Contemporary Korean Welfare State in Transition

Sang-Hoon Ahn

Seoul National University Press

머리말

민주화 이후, 더 정확하게는 김대중과 노무현으로 대표되는 정권교체 이후에 전개된 한국 복지국가의 성격적 변화에 관해서는 크게 두 가지의 대립된 학술적 견해가 존재한다. 그 하나는 권위주의가 민주주의로 대체되는 과정에서 한국 복지국가의 성격도 보다 진보적인 방향으로 전환되었다는 주장이다. 그러한 의견에 반대하는 연구자들은 한국 복지국가가 여전히 자본주의적 시장질서의 미천한 시녀 역할에 머물고 있다고 비판하면서 정치적 민주주의만으로 복지국가가 완결될 수 없다는 주장을 제기한다.

사실 최근 10여 년 동안의 변화에 관해서는 매우 충실한 학술적 논의가 활발하게 전개되어 왔으며, 최근에는 동아시아 복지국가론과 연결되어 그 논의의 깊이가 더해 가는 형국이다. 그럼에도 불구하고, 민주화 전후의 시기를 보다 넓은 시각과 보다 통시적인 차원에서 조망하고 비교하는 연구가 없었다는 것도 부인할 수 없는 사실이다. 이 연구는 바로 이러한 학술적 빈 공간을 채우기 위한 오랜 고민을 담고 있는 하나의 서설적 시도다.

제도적 전환에 관한 학술적 논평으로 시작하는 이 연구의 실증분석은 방법론적으로 구별되는 두 부분으로 구성된다. 하나는 해방 이후 한국 복지국가의 변화를 정치·경제적 상황 변화에 따라 권위주의 시대, 민주화 시대, 민주주의 시대로 나누어 통시적으로 재정리한 역사 분석 부분이다. 역사 분석을 통해 도출되는 한국 복지국가 변화의 이미지는 태동에서 발전, 그리고 도약으로 표상된다. 그럼에도 불구하고 앞에서 언급한 것처럼, 최근 변화에 관한 대립되는 두 가지 의견에 관한 명확한 결론을 내리기에는 질적인 전환과 양적인 성장 사이에 목도되는 양면성의 무게가 예사롭지 않다. 민주화로 대표되는 한국 정치 부문과 경제 부문의 변화가 사회복지 부문의 제도적 전환이라는 역사적 변곡점으로 작동했는가에 관한 보다 명시적인 평가는 후반부의 시계열분석을 통해 보다 구체화된다.

약간 성급하게 결론을 밝히자면, 해방 이후 현대 한국의 복지국가는 자유주의와 보수주의의 혼재, 그리고 발전주의적 산업화의 부산물로서의 복지국가 제도화라는 경로의존적인 발전을 지속한 것으로 요약된다. 그리고 이러한 제도화는 경제성장을 우선시하는 산업화 정책에 상보적인 방향으로 이루어졌고, 최근의 정치적 민주화 이후에도 제도적인 차원의 역사적 변곡점을 형성하는 데는 기여하지 못한 것으로 평가된다.

물론 이러한 평가는 개별 제도 부문에 관한 면밀한 고찰과 더불어 생산 부문의 성격 변화에 관한 정치한 분석을 통해 보다 유기적으로 검토되어야 한다. 이것이 바로 이 연구의 성격을 서설적이라 스스로 칭하는 이유가 될 것이다. 앞으로 보다 분석적이고 열정적인 연구자들이 이 연구의 허점을 충실히 되짚어 주었으면 하는 바람이다.

마지막으로, 본 연구가 가능하도록 해 준 서울대학교 한국학장기기초연구사업의 재정적 지원과 함께, 엄청난 자료의 숲에서 곁가지를 쳐내는 지난한 작업을 자임한 김영민 조교에게도 감사의 말을 전한다.

이제 또 하나의 연구를 마무리하고는 있지만, 아직도 갈 길이 멀다는 생각에 다시금 초조함에 사로잡힌다.

2010년 11월,
혹한에 얼어 버린 관악에서
안상훈

차 례

I. 한국 복지국가 연구의 제도주의적 기초

1. 제도주의 관점에서의 한국 복지국가 연구

이 연구는 해방 이후 급변한 정치·경제적 제도 변화 속에서 현대 한국 복지국가의 발전 과정을 정리하고, 그러한 변화의 성격에 관해 실증적인 분석을 시도하려는 목적에서 출발한다. 본 연구의 핵심적인 질문은 다음과 같다. 과연 해방 이후 한국 복지국가의 제도적 전환이 어떠한 정치·경제적 상황 속에서 이루어졌는가? 무엇보다 생산과 복지가 연결되는 국면에서 제도주의적 전환점으로 작동할 수 있는 정치적 민주화, 노동운동의 진전, 진보세력의 제도권 진입 등 1990년대 한국 사회를 특징짓는 거시 정치·경제적 변화가 한국 복지국가의 제도적 성격 변화를 실제로 추동하였는가?

따라서 이 연구는 이론적으로 복지국가 변화에 관한 제도주의적 해석에서 출발한다.[1] 복지국가 연구에서 제도주의의 단초가 된 것은 Esping-

1. 제도주의와 복지국가 유형에 관한 논의는 안상훈(2005, 2007b)의 이론 부분을 발췌한 것에 더하여 최근 동아시아 복지국가에 관한 발전주의 논쟁과 한국 복지국가의 성격에 관한 논쟁을 부가하였다.

Andersen의 『세 가지 복지자본주의 세계』(1990)가 대표적이다. 이후 복지국가가 어떤 이상적인 최종단계로 수렴될 것이라는 기존의 입장들에 쐐기가 박혔고, 사회정책 연구의 패러다임은 체제론으로 경도되어 왔다. 제도주의적 해석에 의하면, 복지국가들 사이에 관찰되는 차이는 개별 복지국가가 어떤 특정한 모습으로 발전해 가는 보편적 과정상의 상이한 단계에 위치하기 때문에 발생하는 것이 아니라, 몇 개의 복지국가 집락으로 배타적으로 구분되기 때문에 발생한다(Esping-Andersen, 1990).

제도주의적 관점 혹은 복지국가 체제론적 관점의 또 다른 특징으로는 상이한 복지국가 집락들이 기존 경로에 의존적인(path-dependent) 방향으로 변화를 겪게 된다고 보는 점을 들 수 있다.[2] 그 이유는 생산레짐, 노사관계, 사회적 보호체계와 같은 사회의 기초적 제도들 사이에 일종의 제도적 상보성(institutional complementarity)이 존재하기 때문이라고 설명된다. 요컨대, 제도주의 관점에서는 어떠한 정치·경제 상황에서 어떠한 복지국가가 발전하는지에 관한 내용이 분석의 주요 내용으로 떠오르게 된다.[3]

위와 같은 제도주의 관점의 두 개념을 중심으로 발달한 제도주의 복지국가 연구는 "도대체 각각의 국가 혹은 국가집락은 왜 나름의 독특한 제도적 발전을 보이게 되는가?"라는 질문을 중심으로 서로 연결된다. 이러한 물음에 대한 답을 모색하는 데 도움이 되는 이론적 실마리는

---

2. 한 나라의 정치경제는 사회적 제도, 통제, 그리고 통치형식에서 상이한 조합을 가지고 있다. 국민국가가 다양한 조정에 관한 법적 통제를 독점함과 동시에 그러한 조정을 뒷받침하는 제도를 발전시켜 왔기 때문에, 나라들마다 조정의 형식에서 체계적인 차이를 보이게 되는 것이다(Hall, 1999).

3. 예컨대, Huber와 Stephens(1999)는 특정 국가의 내부에서 복지국가의 측면들과 생산레짐의 측면들이 '상호조화'를 이룬다고 이야기한다. 이러한 '상호조화'가 매우 복잡한 형식으로 얽혀 있어서 쉽게 파악되지 않지만, 양자 간의 조화가 존재한다는 증거는 여기저기에서 발견된다고 한다(Ebbinghaus and Manow, 2001).

'제도적 동형태(institutional isomorphism)'에 관한 논의에서 찾을 수 있다. DiMaggio와 Powell(1983)은 제도적 특징을 공유하는 동형태의 복제를 통해 경제적 활동의 국가적 형식인 사회적 메커니즘이 창출된다고 주장하였다. 상대적으로 덜 구조화된 상황에서 개인들의 행동방식은 비슷한 종류의 보다 잘 구조화된 상황[4]에서 자신의 행동이 어떠한 양식으로 구체화될 것인가에 관한 사고로부터 파생되는 유추에 의해 결정되며, 이러한 과정을 통해 새롭게 떠오르는 제도의 형식이 정해진다는 것이다(Dore, 1997). 그리고 이렇게 생성되는 제도는 한 국가 내에서 매우 유기적으로 구성되는 경향이 있다고 한다. 이러한 과정을 통해 자본주의의 특정한 모델들은 제도적으로 그 하위체계들과의 일관성 속에서 조직됨으로써 배타적으로 구분이 가능해지는 것이다. 특히 근자의 경제적 범세계화 속에서도 상이한 종류의 제도적 모델이 여전히 존재할 뿐만 아니라 실제로 경쟁하고 있다면, 각각의 모델은 나름대로 독특한 생존방식을 가지고 있다고 볼 수 있다(Ebbinghaus and Manow, 2001; 안상훈, 2008).

이러한 제도주의적 인식은 자본주의와 복지국가의 다양한 제도적 모델에 관한 비교연구를 잉태하였다. 제도적 분화에 지대한 관심을 표명하는 근자의 비교정치경제학은 실제로 경제적 활동에 관한 다양한 종류의 이분법(dichotomy)을 만들어 낸 바 있으며,[5] 비교사회정책에서의 복지체제에 관한 논의도 생산 레짐에 관한 정치경제학적 논의와 매우 비슷한 내용으로 채워지고 있다. 위에서 언급한 Esping-Andersen(1990, 1999)의 복지체제 연구에서도 사회보장체계가 한 나라의 정치·경제·

---

4. 즉 유사한 상황의 규칙으로서 잘 조직된 제도를 말한다.
5. 예컨대, 포드주의 생산 대 특화된 생산(Piore and Sabel, 1984), 앵글로색슨 자본주의 대 라인 자본주의(Albert, 1991), 탈규제적인 정치경제 대 제도화된 정치경제(Crouch and Streek, 1997), 조정된 시장경제 대 조정되지 않은 시장경제(Soskice, 1991, 1999)와 같은 양분법은 이러한 제도적 유형화의 대표적인 사례들이다.

사회제도에 연결되어 광범위하게 분석되고 있다. 그가 주장하는 세 가지의 복지자본주의 체제도 나름의 경로에 의존적으로 발달하는 집락적 특성을 이루는 것으로 주장된다. 그의 연구에서 '체제'를 중심 개념으로 삼아 복지국가의 집락을 증명한 것도 한 나라의 제도 발전 속에서 법적·조직적 특징들이 매우 체계적으로 상관되어 있다는 점을 강조한 것이라 볼 수 있다(Lange and Meadwell, 1991).

물론, 그 이전에도 복지와 생산의 연결고리에 관심을 가지고 거시적 맥락에서 복지국가의 차별성을 연구한 학자들이 있다. Titmuss(1974)는 잔여적(residual) 모형, 산업적 성취-공로지향(industrial achievement-merit oriented) 모형, 제도적(institutional) 모형으로 복지국가의 존재양식을 분류하였다. Mishra(1984)의 경우에도 분화적·다원주의적 복지국가와 통합적·조합주의적 복지국가의 대비를 통해 복지와 경제의 관계 설정이 상이한 국가군의 존재에 주목한 바 있다. 하지만 이러한 기존의 설명들은 주로 기술적이거나 가설적인 논의에 그쳤다는 한계를 지니고 있다. 이에 반해, Esping-Andersen의 연구가 이후 복지국가 변화를 탐구하는 연구에서 하나의 새로운 패러다임으로 수용된 까닭은, 그의 연구가 보다 체계적인 '분석의 준거'를 보여 주었으며 실증적인 방식으로 자신의 가설을 입증했기 때문이다.

주지하다시피, 주류 사회학적 제도주의에서는 제도적 경로의존성을 강조하고 한 나라의 복지 성격은 변하기 쉽지 않은 것으로 규정한다. 한 시대, 한 국가의 정책적 구성은 과거의 유산으로서의 정책적 제도에 종속적이라는 것이 이러한 논리의 중심명제다. 하지만 이와 같은 제도주의적 해석이 완화될 여지는 없지 않다. 사실상, 역사적 변곡점(historical turning point)에 관한 새로운 인식에 근거하지 않고서는 지나친 결정론으로 흐르게 된다는 것 또한 최근의 논쟁점 중 하나다(Nee and Ingram, 1998; Rothstein and Steinmo, 2002; 안상훈, 2005). 요컨대, 역사적 변곡점에 관한 강조는 어떠한 제도라도 역사적으로 중요한 변화를 겪으면 새로운 모습으로 바뀔 수 있다는 가능성을 제시한다는 점에서 제도주의적 결정론을 벗어던질 수 있는 계기를 마련하고 있다. 이렇게 보면, 이승만 정부 이후 한국 복지국가의 변화를 추적하고 그 성격을 조망하는 본 연구에서의 제도주의적 해석은 결정론과는 거리가 멀다. 즉, 한국 복지국가가 1990년대 이후의 거시환경적 변화와 정치·경제적 제도의 변화에 발맞추어 제도적인 변화를 잉태했는가 혹은 그렇지 못했는가, 두 가지 상반되는 관찰 모두 제도주의적 해석의 품안으로 들어올 수 있는 것이다.

2. 한국 복지국가의 제도적 전환에 관한 성격분석틀

기존의 해묵은 복지국가 변화론을 거론하지 않더라도, 복지국가의 변화가 정치와 경제로부터 엄청난 영향을 받는다는 것은 쉽게 알 수 있다. 복지국가 제도화의 흐름 속에서 한국 복지국가는 성격적으로 발전을 이루어냈는가? 특히, 경제성장이 무엇보다 중요했던 한국 현대사의 맥락에서 복지국가 제도화는 어떻게 평가될 수 있을 것인가? 1990년대 즈음의 정치적 민주화와 정권교체의 변화 속에서 복지국가 제도는 변화되었는가? 이러한 질문들에 답하기 위해서는 과연 복지국가가 정치·경제적으로 어떻게 구분될 수 있는가에 관한 기존의 해석을 살펴보는 것에서 출발해야 한다. 특히 이러한 질문들이 결국은 동아시아 복지국가에 관한 비교사회정책학의 논쟁과 직결되기 때문에 이 점을 먼저 살펴볼 필요가 있다.

동아시아 복지국가의 성격에 관한 분석은 크게 보아 Esping-Andersen (1990)이 제안한 '세 가지 복지자본주의 유형'으로 해석하려는 시도와 Johnson(1982)이 제안한 '발전주의 국가론(developmental state)'에 기대어 해석하려는 시도로 구분된다. 한국이 정치적 민주화 이후에 제도적 성격 변화를 겪었는가와 관련해서도 주로 보수주의냐 자유주의냐, 혹은 발전주의의 틀을 벗어나고 있느냐가 관련 논쟁의 핵심 사안으로 부각되고 있기도 하다(Cf. 김연명, 2002; 정무권, 2009).

이러한 두 가지 접근에 관한 논의에 앞서 복지국가의 생산적 의미에 관한 양분법에서 출발하도록 하자. 그 이유는 복지와 생산의 관계설정과 복지국가의 제도적 성격을 파악하기 위한 가장 손쉬운 구분법이 양분법적 설명이기 때문이다. 김태성(2000)은 '생산적 복지'를 두 가지로 구분하면서, '생산적'이라는 부분에 방점을 찍는 정치·경제 환경과, '복지'라는 부분을 강조하는 정치·경제 환경의 차이에 주목한다. 먼저, '생산적'을 강조하는 것은 생산적 복지를 좁은 의미로 파악하는 것이다. 생산적 복지를 좁게 해석하는 국가들에서는 복지의 범위도 좁게 인식하며, '복지'를 '소모적' 혹은 '낭비적'이라고 생각하는 경향이 짙다. 좁은 의미의 생산적 복지를 따르는 나라들에서 보이는 공통적 현상은 국가복지를 키울수록 근로동기를 약화시킨다는 생각에 경도되어 있다는 점이다(Hendricks and Leedham, 1991; Ahn, 2000; Schmidt, 2000).

이러한 사고방식은 복지 수급자의 근로동기 강화를 지향하는 일련의 근로연계복지(workfare)정책으로 실체화된다. 근로연계복지정책은 복지를 제공할 때 어김없이 근로를 조건으로 두거나 강제함으로써 복지와 근로를 철저히 연계시킨다. 이러한 프로그램의 예는 미국의 TANF (Temporary Assistance for Needy Families)나 EITC(Earned Income Tax Credit), 영국 뉴딜(New Deal) 정책의 장기실업자에 대한 급여제한정책이나 WFTC(Working Families Tax Credit) 등이다. 이러한 프로그램들은 영미권 국가의 복지개혁에서 화두로 부상했으며, 한때 신자유주의가 득세함에 따라 다른 지역으로도 확산되는 듯이 보이기도 했다.[6] 미시적인 효율만을 강조하는 이들 프로그램의 기본 목표는 자활의 성공

---

6. 복지체제론에 관한 기존의 비판들 중 상당수는 영국의 예외사례(outlier)로서의 성격에 집중되고 있다. 신노동당의 뉴딜정책도 부분적으로는 거시효율을 포함하는 것으로 비춰질 수도 있을 것이다. 예컨대 노동시장 참가를 강제하기만 하는 것이 아니라 활성화하려는 부가적 프로그램을 담고 있기 때문이다.

률을 높이는 것이다. 동시에, 수급자의 복지를 높이는 문제는 잘해야 부수적인 것에 불과한 경향이 다분하다. 좁은 의미의 복지를 앞세우는 나라들은 복지수급자 수를 줄이고 노동시장에서 생존의 근거를 확보할 수 있는 사람의 수를 늘리는 데 정책적 주안점을 둔다. 반면, 노동을 할 수 없거나 노동시장에서 성공하기 힘든 다양한 삶의 이유들은 부차적인 것으로 취급되는 경향이 없지 않다. 하지만 서구의 모든 국가들이 이런 식의 생산적 복지를 추진했던 것은 아니다. 앞서 언급한 바와 마찬가지로, 주로 앵글로색슨계 자유주의형 국가들이 이러한 유형의 협의의 생산적 복지정책을 강조했던 것이다(Esping-Andersen, 1996, 1999).

위와는 다른 정책지향, 즉 넓은 의미의 생산적 복지는 주로 보수주의와 사민주의를 포괄하는 유럽 국가들에서 목도되는 경향이 있다.[7] 넓은 의미에서 생산적 복지를 강조하는 나라들도 생산을 복지의 근간으로 여겨 왔다는 면에서는 차이가 없다. 노동과 생산이 없다면 복지를 위한 자원 그 자체가 성립되지 않기 때문이다. 이념적 반대파들로부터 평등주의에 지나치게 기울어 있다는 오해를 받기도 하지만, 실상 이들 국가에서도 생산이 무시된 적이 결코 없었다는 것은 역사가 웅변하고 있는 명백한 사실이기도 하다(Kuhnle, 2000). 대부분의 유럽 국가에서는 복지를 넓은 의미로 해석하기 때문에, 소위 말하는 '복지제도'의 영역과 종류도 매우 다양하게 발달하였다. 이들 국가에서는 복지개혁에 있어서 거시적 효율(macro-efficiency)을 강조하는 경향이 있다. 이는 하나하나의 복지 프로그램이 담아내는 효율보다는 국가적 경제·사회 정책 전반에 걸친 영향의 총량 측면에서의 효율을 강조하는 것을 말한다.

생산적 복지의 개념을 넓게 해석하는 나라들에서는 '근로 친화적 복

---

7. 신자유주의로의 일정 정도 수렴에도 불구하고 이러한 경향은 최근까지도 분명히 남아 있다. 동시에 미국의 실패로 상징되는 신자유주의적 시장경제의 붕괴가 가속될 경우 과거로의 회귀가 예상되기도 한다.

지(work-friendly welfare)'[8]를 통해 계급이나 성, 인종 등에 따른 노동시장에서의 차별을 완화하는 데 복지개혁의 내용을 집중한다(안상훈, 2001). 근로 친화적인 복지정책에서는 복지와 근로의 연결고리가 영미형이 근로연계복지정책의 경우와는 달리 덜 긴장적이다. 복지정책을 시행할 때 되도록이면 근로 친화적이 되도록 하기 위해 노력하기는 하지만, 기본적인 복지 수준은 어떤 경우에도 보장되어야 한다고 규정하는 경향이 있다. 이것이 가능한 이유는, 개별 프로그램의 효율과는 별도로 총량 차원의 거시효율을 높일 수 있다는 굳건한 믿음에서 출발한다. 미시효율이 낮은 방식으로 공공부조를 확대하거나 유지한다고 해도, 적어도 장기적인 면에서 미시효율이 높은 교육복지, 여성복지, 노동복지 등 생산적인 성격이 강한 프로그램을 보충함으로써 최종적인 거시효율을 담보할 수 있다고 보는 것이다. 따라서 이러한 종류의 국가들에서는 복지의 발전이 경제성장에 악영향을 준다고 보지 않으며, 실제로도 오히려 복지국가의 총량을 키우는 과정에서 부가되는 인적자본 향상이라는 친성장적 요소로 인해 장기적으로는 경제성장에 도움이 된다고 보는 것이다.

물론, 대다수의 유럽 국가도 1980년대 이후 지속된 선진세계의 경제적 난관과 경제의 범세계화라는 거대한 물결 속에서 요구받은 미시효율을 높이기 위한 방향으로 일련의 복지개혁을 시도하기도 했다. 하지만 생산과 근로를 강조한다 해도 노동시장 전반의 활성화를 강조하기 위한 것이었지, 복지의 부담을 개인의 책임으로 회귀시키는 방향으로 '자유주의로의 전반적인 전환'은 시도되지 않았다(Esping-Andersen and Regini 2000).

---

8. 노동친화복지정책은 적극적 노동시장정책(Active Labor Market Policy: ALMP)으로 불리는 역순환적(counter-cyclic) 고용 · 훈련 프로그램이나 직업장애를 완화하기 위한 임금보조금제도나 공공고용보호제도 등의 프로그램을 통해 노동시장에 정상적으로 진입할 수 있는 경로를 마련해 주는 것을 말한다.

Esping-Andersen의 체제론에서도 생산과 복지의 관계성 속에서 복지국가의 유형을 구분하고 있다. 먼저, 오스트리아, 프랑스, 독일, 이탈리아 등의 국가는 보수주의 체제로 분류된다. 이 체제의 생산적 복지 개념은 기본적으로 광의적이다. 보수주의 체제의 중심적 프로그램인 사회보험은 피보험자의 기여를 재정의 원천으로 삼는다. 사회보험 수급권도 기여금 납부에 의해 결정된다. 사회보험 중심의 보수주의 복지체제는 노동시장이 제대로 돌아가지 않는다면 존립이 힘들어진다. 따라서 빈곤층을 위한 공공부조의 경우에도 열등수급의 원칙이 강조되고, 모든 국민의 자활을 지향한다. 그럼에도 불구하고 보수적 복지체제에서는 근로강제가 아닌 근로친화적인 방향으로 복지를 시행하는 경향이 짙다. 자활이 강조되는 방법도 노동시장정책을 통해 지지적인 방향으로 실시될 뿐, 노동 자체를 공공복지급여의 배타적 조건으로 내세우지는 않는다. 이미 사회보험이라는 제도를 통해서 노동과 기여금 납부가 조건으로 포함되어 있고, 복지욕구의 대개가 사회보험을 통해 일차적으로 걸러지기 때문에, 상대적 소수를 위한 공공부조는 사회통합의 견지에서 제공된다는 특징이 있다(Esping-Andersen, 1999).

사민주의로 분류되는 스웨덴, 노르웨이, 덴마크 등의 북유럽 국가들은 광범위한 부문에서 복지국가를 발전시켜 왔다. 다른 체제와 달리, 사회보험이나 공공부조에 더하여 상당한 수준의 사회서비스를 복지국가의 책무로 인식하고 발전시켜 온 특징을 공유한다. 거시효율에 의해 생산을 강조하는 이 체제에서는 교육보장이나 근로보장을 포함하는 사회서비스 전략에 의해 인적자본의 유지와 향상이 매우 중요하게 다루어진다. 이 체제에서는 교육을 통해 인적자본 향상의 기회를 보편적으로 보장하고 성, 인종, 나이에 의한 노동시장 참여의 불평등을 제거하기 위해 사회서비스 부문의 노동시장을 공공 부문에 의해 확대하는 방식으로 교육-노동-복지의 연결고리를 재구성해 왔다. 이 체제에서는 개인의 기본적인 욕구 충족을 위한 서비스 구매 비용의 부담이 개인의 책임에서 이탈하여 상당 부분 사회화되어 있다. 이러한 전략은 한 나라의 생산에 종국적으로 기여하게 되므로, 적어도 경제적인 침체가 상당히 장기화되기 이전에는 거시적 효율이 꾸준하게 달성될 수 있는 전략인 것이다. 사회보험, 공공부조, 사회서비스 등을 포괄하여 광범위하고 높은 수준으로 발전한 복지국가를 가지고 있으면서도 생산의 측면에서 매우 좋은 성적을 유지한 체제가 바로 사민주의 체제였음은 신자유주의가 헤게모니를 확장한 최근까지도 변하지 않는 역사적 사실로 각인되고 있다.

미국, 캐나다, 영국, 호주 등을 포함하는 자유주의 복지체제의 가장 중요한 특징들은 신자유주의의 원칙에 가장 충실한 형태로 보인다.[9] 자유주의 복지체제에서는 생산적 복지를 좁게 보는 경향이 있다. 이 체제는 복지지출 수준 자체가 다른 체제에 비해 매우 낮기 때문에 자산조사에 의한 공공부조가 상당히 중요한 복지 프로그램으로 기능하고 있다. 공공부조가 중심 프로그램이 되면서 부수되는 특징은 자격 있는 빈자(deserving poor)를 가려내는 일이 복지행정의 중요한 업무가 된다는 점이다. 자격 있는 빈자를 가려내는 데 많은 노력을 기울인다 함은 복지가 매우 잔여적(residual)으로만 주어질 때 시장이 제대로 유지될 수 있다고 보는 자유주의적 인식에 다름 아니다. 이런 사고에서 출발하는 복지정책의 기조는 '거시적으로 생산적'일 수 있는 적극적 노동시장정책 프로그램들을 등한시하는 것으로 이어지며, 적어도 공공의 책임으로 보지는 않는다. 노동을 위한 인적자본의 증진은 기본적으로 시장에서 해결되어야 한다고 보는 것이다. 자유주의에서 생산적 복지는 결국 '자격 없는 빈자(undeserving poor)'를 공공부조의 틀에서 축출하려는 의도를 가져온다. 즉, 복지는 비생산적이므로 복지보다는 시장에서의 노

---

9. 이 말은, 신자유주의의 물결 속에서 자유주의적 복지체제가 가장 우월하다는 의미는 결코 아니며, 단 그 성격이 신자유주의 정책이 강조하는 시장중심과 거의 일치한다는 것이다.

동과 그에 따른 소득을 통해 개인적 욕구를 해결하는 것이 옳다고 보는 것이다. 결국, 자유주의 국가들의 복지란 노동이 불가능한 사람들에게만 선별적으로 지원하는 최저 수준의 복지를 의미한다.

주로 서구의 상이한 복지국가 제도유형 혹은 체제 간의 구분을 시도하는 위와 같은 논의에 더하여, 근자에는 동아시아 복지국가의 성격을 규명하려는 다양한 종류의 시도가 전개되었다. 특히 이들 논의는 권위주의 국가에 의해 주도된 수출주도형 산업화 정책과 그에 종속적인 '발전주의적 복지국가 제도화(developmental welfare institutionalization)'에 관한 분석이 주를 이룬다. 한국의 경우에는 정치민주화 이후 기존의 발전주의 복지국가 제도가 전환기를 맞이했다는 견해와 과거의 발전지향적 전략이 여전히 유효한 상태라는 반론이 팽팽히 맞서고 있는 상황이다(김연명, 2002; 정무권, 2009).

Johnson(1982)이 제안한 발전주의 국가론에서는 기업과의 지배연합을 중심으로 전개되는 국가주도형 산업화에 초점을 맞추어 일본을 위시한 동아시아 국가들의 생산체제 특성 분석에 주목하였다. 이후 몇몇 학자들이 '발전주의 복지체제(developmental welfare regime)' 혹은 '생산주의적 복지자본주의(productivist welfare capitalism)'와 같은 용어를 쓰면서 발전주의 국가론을 복지체제의 분석틀에 연결시키기 시작하였다(Gough, 2000; Holiday, 2000).

이러한 관점에 서 있는 연구들은 발전주의 국가에 의한 산업화 과정에서 복지제도화 역시 성장주도형 산업화전략의 일환으로 실시되었다는 것을 강조해 왔다. 매우 소극적이고 보수적인 성격의 복지국가 제도와 조세율·공공복지지출이 낮은 수준에서 유지되며 기업복지와 민간에 의한 자원복지를 선호하는 성장종속적 제도화가 이들 발전주의론이 주장하는 동아시아 복지국가 제도화의 전형적인 성격들이다.[10] 약간의

10. 단, 공공부문의 규제적 역할이 복지부문에도 작동함으로써 민간복지와 국가복지의 구

차이에도 불구하고 발전주의적 복지국가 성격을 강조하는 견해는 Espin-Andersen의 자유주의 혹은 자유주의와 보수주의의 혼합형으로 진단하는 것과 대체로 겹친다고 할 수 있다. 이제 본 연구에서는 제도주의를 표방하는 비교사회정책학의 논리 틀에 입각해서 해방 이후 형성된 현대 한국의 복지국가 제도가 어떠한 성격을 가지며, 무엇보다 1990년대의 정치적 민주화 이후 제도적 성격의 전환을 경험했는지에 관해 역사적·계량적 분석을 시도하고자 한다.

3. 역사적·계량적 연구의 차례

그렇다면 해방 이후 한국의 복지국가는 어떠한 제도적 성격을 발전시켜 왔는가? 광의의 생산적 복지인가 협의의 생산적 복지인가? 혹은 자유주의, 보수주의, 사민주의 중 어떤 유형에 가까울 것인가? 또한 발전주의와 같은 특정한 제도적 유형에서 진보적 유형으로의 전환이 목도되고 있는가? 이제 다음에서는 완화된(relaxed) 제도주의의 관점에서 해방 이후 한국 복지국가의 변화를 추적하고, 유형 변화에 필적하는 성격상의 변화가 있었는지를 타진한다.[11] 본 연구에서 제기하는 이러한 질문들은 역사적 분석 부분과 계량적 분석 부분에서 공히 다루어질 것이다. 즉, 방법론적 견지에서 보자면 방법론적 다각화(methodological

---

분선이 모호한데, 이러한 점에서 자유주의 복지국가와 차이가 있다는 주장이 제기되기도 한다(정무권, 2009). 여러 연구자들이 보는 한국의 정치민주화 이후 복지국가 성격 변화에 관한 논쟁은 김연명(2002)과 정무권(2009)을 참조하라.

11. 완화된 제도주의의 시각에서는 경로의존성이 절대적이지는 않다(안상훈, 2005). 한국의 현대사를 보면 정치적 민주화와 함께 진보성향의 정부가 국정운영을 주도하는 데까지 이르렀으며, 경제적인 상황의 변화도 과거와 같은 국가주도형 수출 산업화전략만으로는 새로운 성장동력의 확보가 힘들 것으로 예상하기도 한다. 이렇게 바뀌어버린 정치·경제적 사회상은 복지국가의 전략도 새로운 원칙 아래 재조정될 것을 요청하고 있기도 하다. 우리가 역사적 전환점에 서 있다면, 한국 복지국가의 발전경로도 전환의 가능성을 내포한다고 할 수 있는 것이다. 단, 현시점에서 한국 복지국가 성격논쟁상 문제의 핵심은 과연 그러한 전환이 실제로 일어나고 있는가 하는 점이다.

triangulation)를 지향하고 있다.

II장에서 IV장까지는 권위주의 시대, 민주화 시대, 그리고 민주주의 시대로 나누어 각각의 대통령별 집권기를 중심으로 각 정부의 사회복지제도화를 정리하게 된다. 이러한 방식으로 시기를 구분하는 것은, 복지국가 제도 변화의 기저에 정치적 제도의 특성이 매우 중요하다는 비교사회정책학의 전제와 더불어 대통령중심제 국가라는 한국 정치제도의 특성상 대통령별 정부의 특성이 해당 시기 사회복지의 제도화에도 많이 반영될 것이라는 가정에서 출발한다. 해방 이후 자유주의 시장경제를 중시한 정책적 경로의존성에도 불구하고, 대통령별 집권기에 따라 상이한 제도의 발전이 목격되는가 하는 점은 한국 복지국가의 성격 논쟁에서 중요한 주제이기도 하다(안상훈·백승호, 2008).[12]

V장에서는 최근에 수집·정리가 완료된 계량자료를 토대로 시계열적인 기술분석과 회귀분석을 실시하고 다른 선진국과의 비교분석을 부가함으로써 한국 복지국가의 최근 변화가 과연 제도상의 성격적 변화라고 해석될 수 있는가를 경험적 차원에서 논증할 것이다.

---

12. 대통령의 이념적 지향이 복지국가 변화에 실제적인 영향력을 노정하는가에 관해서는 후반부의 계량적 고찰을 통해서도 재입증될 것이다.

II. 권위주의 시대, 한국 복지국가의 태동

1. 이승만 정부의 사회복지제도

1) 정치·경제적 배경

해방 이후 1960년에 이르는 제1공화국 시기에 우리 민족에게 주어진 가장 중요한 과제는 자주적인 근대 국가를 건설하는 것이었다. 그러나 미국과 소련의 한반도 분할 점령, 그리고 그러한 강대국의 개입을 주체적으로 극복할 민족적 단결과 지혜의 부족으로 인해 한반도에는 두 개의 적대적인 국가가 수립되었다. 뒤이어 1950년에 발발한 한국전쟁은 남북한 모두에 엄청난 물적·인적 피해를 가져왔다. 전쟁으로 남한 제조업은 1949년 대비 42%가 파괴되었고 북한의 경우 1949년 대비 공업의 60%, 광업의 20%, 농업의 78%가 파괴되었으며, 군인과 민간인을 합쳐 남북한 약 280만에서 369만 명(전체 인구의 약 10%)의 인명피해가 발생했다(김인걸 외, 1998).

이러한 위기 상황에서 남한의 이승만 정부에 주어진 과제는 국민들이 최소한의 생계를 유지할 수 있도록 경제 기반을 구축함과 동시에 통일된 국가를 형성하기 위해 지속적으로 노력하는 것이었다. 그러나 이승만 정부는 철저한 반공노선으로 분단을 고착화시키고 부정부패를 일삼으면서 독재정권을 유지시키는 데에만 온 힘을 쏟았다. 미국과의 갈등을 감수하면서까지 내세운 '북진통일론'은 이승만 정부가 국민을 통제하고 정권의 정당성을 확보하기 위해 이용한 내부통제용 이데올로기였으며, 강력한 경찰과 군부, 청년단체, 그리고 자유당은 이승만 1인 독재체제를 뒷받침하는 권력기구였다. 또한 이승만 정부는 친일파를 단죄하려던 '반민특위'를 탄압하고 상당수의 친일세력을 관료로 기용하는 등 일제의 잔재 청산에 실패한 정부였다.

이 시기의 복잡한 정치 변화 중에서 사회복지제도의 발전과 관련된 중요한 사건으로는 진보당의 등장과 해산을 들 수 있다. 1950년대의 정치구조는 기본적으로 자유당과 민주당이 중심이 된 불안정한 보수양당구조였다. 그러나 이러한 보수양당구조에 일정한 균열을 가할 수 있는 여지를 가진 진보당이 있었고, 1956년 대통령 선거에서는 이승만 정부와 자유당에 의한 부정행위에도 불구하고 진보당의 조봉암 후보가 30%의 득표를 하는 등 대중적 지지 기반도 어느 정도 형성되어 있었다. 진보당은 노동자, 농민 등 광범한 근로 대중에 기반을 두는 '사회적 민주주의', 자유와 계획을 조화시키는 '자유계획경제', 그리고 '평화통일론'을 내세웠다. 진보당의 창당대회 개회사에서 조봉암은 사회보장제도의 조속한 실시와 복지사회 건설을 주장하기도 했다(김인걸 외, 1998). 그러나 진보당의 성장에 위협을 느낀 이승만 정부는 진보당의 '평화통일론'이 반공국시에 위배된다며 정당등록을 취소했으며 조봉암에게는 간첩혐의로 사형을 선고했다(1959년 사형 집행).

당시의 정치상황과 반공 이데올로기가 신념처럼 내재화된 상황에서 진보당이 정권을 잡기는 어려웠을 것이다. 그러나 서구 복지국가 발전의 역사에서 좌파정치세력이 중요한 역할을 했다는 점에 비추어 볼 때, 진보당을 기반으로 진보정치세력이 발전했다면 사회복지제도의 도입과 확대가 보다 빨리 이루어졌을 가능성이 높다. 진보당의 해산과 조봉암의 사형으로 당시 한국의 진보정치세력은 큰 타격을 입었고, 이후 이승만 정부가 붕괴된 후에 실시된 1960년 총선에서 혁신정당세력이 참패하고 박정희 정부의 억압적 정치체제가 계속되면서, 한국에서 좌파 정치세력을 기반으로 한 사회복지제도의 발전은 사실상 어려운 일이 되었다.

이와 같은 정치적 불안과 함께, 해방 이후 미군정하에서 형성된 경제의 대미 의존적 성격은 정부의 체계적인 경제정책의 부재와 한국에 대한 미국의 정치적·경제적 종속화 전략 속에서 더욱 심화되었다. 1950년대 미국 원조의 기본 성격은 전쟁으로 파괴된 한국 사회를 복구하여 미국 주도의 자본주의 경제권에 안정적으로 편입시키는 동시에 대소(蘇) 전진기지로서의 지위를 유지하는 데 있었다. 전쟁으로 경제 기반이 무너진 한국으로서는 미국의 원조를 받을 수밖에 없는 상황이었지만, 미국 잉여농산물의 도입은 농산물 가격을 하락시켜 농촌 경제에 치명적인 타격을 입혔으며 1950년대 후반 원조의 감소로 경제가 심각한 타격을 입는 등 부작용도 컸다.

1952년의 발췌개헌과 1954년의 이른바 '사사오입' 개헌, 그리고 두 차례의 대통령 선거와 국회의원 선거에서 온갖 부정을 통해 정권을 유지해 온 이승만 정부는, 1960년 3월 15일의 정부통령 선거에서 또 한 번의 대대적인 부정선거를 자행하다가 결국 전 국민적 저항으로 4월 26일 이승만이 대통령에서 하야하면서 무너지고 만다.

2) 사회복지제도의 변화

전쟁 후 한국 사회는 국민의 절대 다수가 최소한의 생계도 유지하기 어려운 상황이었다. 이두호 등(1992)에 따르면, 휴전이 이루어진 1953년에 응급구호를 필요로 하는 전재민 수가 985만 명으로 전체 인구의 절반 수준에 이르렀다고 한다. 이와 같이 극도의 빈곤이 보편화된 상태를 해결하기 위해서는 일정 수준의 경제성장이 필수적이었지만, 앞서 언급한 바와 같이 이승만 정부는 구체적인 경제정책조차 수행하지 못하고 있었다. 1954년에서 1962년에 이르는 시기에 1인당 GNP의 연평균 성장률은 0.7%의 미미한 수준에 그쳤다(서상목, 1979; Suh and Yeon, 1992; 구인회, 2006: 10에서 재인용).

국민들의 사회적 욕구는 크지만 경제적 상황이 그러한 욕구를 전혀 충족시키지 못할 때가 사회복지정책이 가장 필요한 시기다. 이러한 측면에서 1950년대는 기본적인 사회복지제도의 도입이 절실했던 시기라고 볼 수 있다. 물론 사회복지정책 수행에 필요한 경제적 자원이 절대적으로 부족한 상황에서 체계적인 사회복지정책을 수립하기는 어려웠겠지만, 사회복지정책을 통해 국민들의 최소한의 생계유지는 보장했어야 한다. 그러나 이승만 정부는 사회복지정책을 추진할 의사도, 능력도 없었기 때문에 전재민에 대한 단순구호나 일제 말기의 '조선구호령'을 원용한 생활보호사업을 시행하는 정도에 머물렀다.

이 시기에 제정된 사회복지 관련 법률로는 크게 '군사원호법'(1950. 4)과 '경찰원호법'(1951. 4) 등에 의한 국가유공자 보상 관련법, 사보험적 성격을 지녔던 '국민생명보험법'(1952. 12)과 '우편연금법'(1952. 12), 최초의 노동입법인 '근로기준법'(1953. 3), 최초의 사회보험제도라 할 수 있는 '공무원연금법'(1960. 1) 등이 있었다. 그러나 특수직역 연금제도로서 1961년 1월 시행된 공무원연금법을 제외한 나머지는 실효성이 없는 것들로, 후일 대체입법이 대두하기 전까지 사실상 법적 효력을 발휘하지 못하였다(감정기 외, 2002: 369). 공무원연금법도 보편적인 국가복지의 성격을 가진 것이라기보다는 군사원호법이나 경찰원호법과 함께 체제유지세력으로서 공무원들을 포섭시키는 것을 목적으로 제정된 것으로 보는 것이 타당하다.

이처럼 공적 사회복지제도가 부재한 상황에서 시설보호 중심의 민간 구호활동은 고아와 미망인 등의 요구호자들을 보호하는 데 중요한 역할을 수행했다. 해방을 전후한 시기부터 세워지기 시작한 사회복지 시설은 전쟁을 거치면서 급증했고, 그 가운데 아동복지시설이 80% 이상을 차지하였다(감정기 외, 2002: 370). 이러한 시설들은 대부분 외국 원조기관에 의해 직접 운영되거나 재정지원을 받는 것들이었는데, 이는 당시 한국의 정부나 민간 부문의 개인 혹은 단체로서는 대규모 요구호자들을 감당하기에 역부족이었고, 서방 선진국의 민간 원조기관들이 구제와 개발지원 혹은 선교 등을 목적으로 제3세계 진출에 적극적으로 나섰기 때문이다(감정기 외, 2002: 370-371). 이러한 외국 원조기관들은 요구호자들에 대한 보호 서비스 외에도 교육과 보건 및 지역사회개발 등의 영역에도 기여했으며, 미국식 전문 사회사업실천방법과 관련 이론을 국내에 전파하는 데에 큰 역할을 했다(감정기 외, 2002: 372).

3) 제도 변화의 성격

이승만 정부 시기의 사회복지는 외국의 원조에 전적으로 의존하는 시설보호 중심의 민간형 복지가 중심에 서 있었다. 공무원연금법, 군사원호법, 경찰원호법 등 권위주의 정권의 체제유지를 위한 제도도입이 우선되는 등 전형적인 보수주의적 제도화가 또 다른 특징이었다. 다른 한편으로는 이승만 스스로 미국에 대한 끝없는 동경을 가지는 등 자유주의적인 성격도 엿보인다. 이는 국가복지의 중심축이 일제 말기의 '조선구호령'을 원용한 생활보호사업이었음에서 드러나는 사실이다.

이 시기에는 북한과의 체제경쟁 속에서 반공을 국시로 한 진보정당 배제전략이 적극 추진되기도 했다. 진보당의 '평화통일론'이 반공국시에 위배된다며 정당등록을 취소했으며 조봉암에게는 간첩혐의로 사형을 선고하는 등 새로운 국가를 설립하는 과정에서 간간이 목소리를 드높였던 사민주의적 색채는 이승만 정권에 의해 효과적으로 제거되고 말았다.

총평컨대, 이 시기의 복지국가 제도화는 생산적 복지에 관한 가장 좁은 의미로 보기도 힘들 정도의 저발전으로 특징지어지며, 발전주의적인 산업화와 그에 따른 복지제도화 전략도 철저하게 부재한 이른바 '복지국가의 빈 공간'이라 평가할 수 있다.

2. 박정희 정부의 사회복지제도

1) 정치·경제적 배경

4·19 민중항쟁을 계기로 이승만 정부가 붕괴된 직후 들어선 허정 과도정부는 이른바 '비혁명적 방식으로 혁명을 수행한다'는 원칙 아래 3·4월의 민중항쟁을 기존 체제 내의 재편으로 유도해 갔다(김인걸 외, 1998: 211). 그러나 과도정부는 기본적으로 부정선거 책임자와 부정축재자의 처리에 미온적인 반응을 보였다. 한편, 보수정치세력은 기존 국회에서 내각제 개헌을 한 후 국회를 해산하고, 1960년 7월 29일 총선을 실시하였다. 총선 결과, 민주당이 전체 의석의 3분의 2를 차지하는 압승을 거두고 장면을 총리로 하는 내각이 구성되었다. 그러나 장면 내각 역시 반민주행위자와 부정축재자 처리에 지지부진한 태도를 보였고, 여당이 된 민주당은 신파와 구파로 나뉘어 계속 분열되는 양상을 보였다.

이러한 상황 속에서 박정희와 육사 5기생과 8기생을 중심으로 한 일부 정치성이 강한 군인들이 여러 차례의 모의 끝에, 장면 내각의 무능을 심판하고 사회적 혼란을 해결한다는 명분으로 1961년 5월 16일 군사 쿠데타를 감행했다. 제2공화국을 책임지고 있던 민주당 출신의 정치인들은 불법적인 쿠데타를 막기보다는 자신의 안위를 위해 도망치기에 급급했으며, 결국 3,500여 명의 군인들이 일으킨 쿠데타는 성공하여 군정에서 유신체제에 이르는 20여 년 간의 박정희 집권 체제가 형성되었다. 이로써 군정과 제3·4공화국에 이르는 1961년에서 1979년까지 대한민국은 박정희 정부에 의해 통치된다.

쿠데타 세력은 권력을 장악한 후 행정과 입법을 모두 포괄하는 국가재건최고회의를 조직하여 군정을 실시하였다. 1963년 10월 대통령 선거에서 박정희가 대통령으로 당선되고 12월 제3공화국이 출범하면서 민정이양이 이루어졌지만, 이는 군복만 벗고 외양만 민정으로 바꾼 형식적인 절차였을 뿐이다. 이후 박정희 정부는 군과 정보기관, 억압적인 관료기구를 통해 사회 전 영역을 통제하면서 성장 위주의 경제정책을 강하게 추진해 나갔다.

군사쿠데타의 명분을 '반공'과 '경제개발'에 두었던 박정희 정부에게 있어 경제개발은 정권의 사활이 걸린 중대한 문제였다. 사실, 성장을 중심으로 한 자본축적 위주의 경제개발론은 미국의 원조가 감소하기 시작한 1950년대 후반부터 모색되기 시작한 것으로, 장면 정부는 외국의 차관을 도입하여 경제적 부흥을 이루는 것을 목적으로 하는 경제개발 5개년계획을 5·16쿠데타 직전에 거의 완성하였다. 박정희 정부는 이러한 장면 정부의 정책을 이어받아, 경제정책을 진두지휘할 경제기획원을 설치하고 1962년부터 제1차 경제개발계획을 시행하면서 본격적인 경제개발에 착수하였다.

초기의 군사정부는 수입대체산업을 육성하여 자립적이고 내포적인 공업화를 추진해 나가려고 했다. 그러나 1963년까지의 경제정책이 큰 성과를 내지 못하고 미국이 이러한 경제정책방침의 변화를 요구하면서, 제3공화국이 시작되는 1964년부터는 수출주도의 외자의존형 경제성장정책이 추진되기 시작했다. 1960년대에는 경공업을 중심으로, 1970년대는 중화학공업을 중심으로 이루어진 수출주도의 양적 경제성장정책은 박정희 정부 기간 내내 정부의 최우선과제로 추진되었다. 1967년 대통령 선거에서 박정희가 제6대 대통령으로 재선되고 여당인 공화당도 같은 해 치러진 국회의원 선거에서 과반수 득표를 하게 되는데, 이는 불법·관건 선거에서 비롯된 바가 크지만 박정희 정부의 경제개발정책이 국민들의 지지를 받았던 측면도 무시할 수 없다.

정부 주도로 이루어진 급속한 경제성장과 함께 박정희 정부를 규정하는 또 하나의 특징은 강력한 권력기구들이 사회 전체를 통제했다는 점이다. 이러한 권위주의적 사회통제를 정당화하기 위해 박정희 정부는 앞에서 언급한 '경제성장 제일주의'에 더해 소위 '한국적 민주주의'라는 이데올로기를 받아들일 것을 국민들에게 강요했다. 한국적 민주주의는 경제개발과 민족중흥을 이루기 위해 한국의 실정에 맞는 민주주의가 필요하다는 논리였지만, 사실상 권위와 국가에 대한 절대적인 충성을 요구한 국가지상주의의 다른 표현에 불과했다. 그리고 유신체제기는 이러한 권위주의적 사회통제가 정점에 달한 시기였다.

1969년 3선 개헌안이 통과되면서 치러진 1971년 대통령 선거에서 온갖 부정선거행위에도 불구하고 야당의 김대중 후보를 겨우 100만 표 차이로 누르고 대통령에 당선되고, 국회의원 선거에서는 야당인 신민당이 65명의 지역구 국회의원을 당선시켜 개헌저지선을 확보하자 박정희는 정치적 위기감을 가질 수밖에 없었다. 게다가 3선 개헌 반대투쟁을 시작으로 반독재민주화운동이 본격화되면서 위기감은 더욱 증폭되었다. 박정희는 이러한 정권의 총체적 위기를 타개하기 위해 1972년 10월 17일 대통령 특별선언을 통해 계엄포고 제1호를 선포하여 국회를 해산하고 정당 및 정치활동을 금지하는 한편 대학을 폐쇄했고, 이후 국민투표를 통해 유신헌법을 확정했다.

유신체제하에서 박정희 정부는 국민들의 저항을 탄압하고 유신체제를 강화하기 위해 '집회및시위에관한법률'을 제정하고 긴급조치권을 발동함과 동시에 사회 전체를 병영화시켰다. '집회및시위에관한법률'은 사실상 시위를 금지하기 위한 것이었으며, 국회의 동의 없이도 발동할 수 있는 긴급조치권은 사법부의 심사대상도 되지 않는 무소불위의 사회통제장치였다.

2) 사회복지제도의 변화

1960년대 초 한국 사회는 국민의 절반이 절대빈곤 상태에 놓여 있었다. 해방과 한국전쟁 기간에 보편화된 절대적 빈곤이 1950년대 내내 큰 변화 없이 지속되었고, 1965년 절대빈곤율은 40.9%에 달했다(서상목, 1979; Suh and Yeon, 1992; 구인회, 2006: 14에서 재인용). 박정희 정부는 경제성장만이 이러한 절대빈곤 문제를 해결할 수 있다고 믿고 정부주도의 강력한 경제성장정책을 추진해 나갔다. 그 결과, 〈표 1〉에서 나타나듯이 절대빈곤율은 1970년에 23.4%로 떨어졌고 이후에도 지속적으로 감소하였다.

〈표 1〉은 절대빈곤율이 지속적으로 감소하긴 했지만, 여전히 다수의 국민들이 절대빈곤의 상태에 놓여 있었다는 사실을 보여 준다. 또한 소득불평등도는 박정희 정부 초반 감소했다가 1970년대에는 증가하였다. 〈표 2〉는 지니계수로 측정된 1965년, 1970년, 1976년, 1980년의 소득분배 추이를 제시하고 있는데, 전체 가구의 소득분배구조가 1960년대 중반에서 1970년대 초반까지 개선되었다가, 그 이후 다시 악화되고 있음을 보여 준다. 1965년에서 1970년에 이르는 시기에 전체 가구의

〈표 1〉 1970~1984년의 빈곤율 추이 (단위: %)

구분	1970	1976	1980	1984
절대빈곤율[1)]	23.4	14.8	9.8	4.5
도시	16.2	18.1	10.4	4.6
농촌	27.9	11.7	9.0	4.4
상대빈곤율[2)]	4.8	12.5	13.3	7.7
도시	7.0	16.0	15.1	7.8
농촌	3.4	9.2	11.2	7.5

주: 1) 절대빈곤선은 5인 가족의 경우 1981년 가격으로 121,000원으로 정의됨.
2) 상대빈곤선은 각 연도 평균가구소득의 3분의 1로 정의됨.

자료: Sun and Yeon(1986).

〈표 2〉 1965~1980년의 지니계수 추이

구분	1965	1970	1976	1980
전체 가구	0.343	0.332	0.390	0.389
농가	0.285	0.294	0.327	0.356[1)]
비농가	0.416	0.345	0.411	0.405[2)]
피용자	0.399	0.304	0.355	-
자영자 등	0.383	0.352	0.449	-

주 : 1) 군부지역(농가, 비농가 모두 포함) 지니계수임.
2) 시부지역 지니계수임.

자료 : 1965년, 1970년, 1976년 모든 수치는 주학중(1979), 1980년 전체 가구, 농가, 비농가 수치는 권순원 외(1992) 참조(구인회, 2006: 12에서 재인용).

소득분배구조가 개선된 이유는, 노동집약적인 수출산업의 급속한 팽창으로 인해 고용이 크게 확대되고 이러한 고용확대가 저소득층에 혜택을 주는 분배개선 효과(trickle-down effect)가 발생하여 도시가구에서 분배구조의 개선이 일어났기 때문이다(구인회, 2006). 그러나 1970년대에는 소득불평등도가 증가하고 있는데, 이는 1970년대에 이르러 산업화의 진척으로 실업인구의 흡수가 한계에 달하고 고학력자 등 고급 인력에 대한 수요가 증대되어 학력 간, 직종 간 임금격차가 확대되기 시작했기 때문이다(주학중, 1979; 구인회, 2006: 12에서 재인용). 〈표 1〉의 상대빈곤율 변화 추이도 1970년대에 소득불평등도가 심화되었다는 분석을 뒷받침하고 있다.

경제성장만으로는 절대빈곤의 해소에 한계가 있었고, 소득분배구조는 오히려 악화되고 있었다는 사실은 박정희 정부 시기에 사회복지정책의 도입 및 확대가 필요하였음을 말해 준다. 박정희 정부는 표면적으로 복지국가의 건설을 내걸었고,[1] 이 시기에 중요한 사회복지제도들이

1. 1962년 12월 개정된 헌법에는 생존권보장 조항(제30조)이 신설되어, 인간다운 생활을 할 국민의 권리(제30조 1항)와 사회보장 증진에 노력해야 할 국가의 의무(제30조 2항)

도입되기도 했다. 그러나 경제성장이 사회의 다른 어떤 가치들보다 최우선시되고 권위주의적인 사회통제로 인해 국민들이 정부에 무엇인가를 요구할 수 있는 길이 철저히 차단된 상황에서 보편적인 사회복지제도가 발전하기는 어려웠다. 그러나 다른 한편으로는 경제성장에 도움이 되거나, 정권의 정당성 확보에 기여하여 궁극적으로 정권의 안정적 유지를 가져올 것으로 판단되는 사회복지제도의 경우 적극적으로 검토되거나 도입되어 현재의 사회복지제도 체계의 형성에 중요한 영향을 미쳤다.

박정희 정부는 집권 초기, 즉 군정 기간에 상당수의 사회복지 관련 법률을 제정하였다. 갱생보호법(1961. 9), 고아입양특례법(1961. 9), 생활보호법(1961. 12), 아동복리법(1961. 12), 군인연금법(1963. 1), 산업재해보상보험법(1963. 11), 사회보장에관한법률(1963. 11), 의료보험법(1963. 12) 등 10여 개의 법률이 모두 이 시기에 제정되었다. 그러나 실제로 구체적인 제도로 시행된 법률은 생활보호법, 군인연금법, 산업재해보상보험법에 불과했다. 그리고 민정이양 이후 1964년부터 1972년 10월 유신까지의 제3공화국 시기에는 자활지도사업에관한임시조치법(1968. 7 제정, 1982. 12 폐지)과 사회복지사업법(1970. 1)이라는 단 2건의 사회복지 관련 입법이 이루어졌을 뿐이다. 이러한 이유로 이 시기의 사회복지 관련 입법 활동을 국민들의 실질적인 복지 증진을 목표로 한 것이라기보다는 정권의 정당성 확보를 위한 선전용으로 보는 시각이 많다.

구체적으로 시행된 제도의 내용을 살펴보면 다음과 같다. 우선, 1962년 1월부터 시행된 생활보호법은 일제시대부터 존재해 온 조선구호령을 대체하는 법으로서, 부양의무자가 없거나 있어도 부양능력이 없는 65세 이상의 노쇠자, 18세 미만의 아동, 임산부, 불구·폐질·상병 등 정

가 명시되기도 했다.

신 또는 신체의 장애로 인해 근로능력이 없는 자, 기타 보호기관이 법에 의해 보호가 필요하다고 인정하는 자에 대해 생계보호, 의료보호, 해산보호, 상장조치 등을 시행할 것을 규정하고 있다. 당시의 생활보호제도는 근로능력이 없는 빈곤층만을 대상으로 하는 제한부조주의에 기반하고 인구학적 기준을 적용하는 범주적 공공부조의 성격을 지닌 것이었다(이현주 외, 2003: 202). 또한 법 시행과 더불어 생계보호는 시작되었으나 정부의 재정형편에 의해 전면적으로 실시되지는 못하고 부분적인 생계보호에 그쳤으며(이현주 외, 2003: 203), 생활보호제도를 위한 예산에 따로 책정된 것은 1969년에 이르러서였다.

박정희 정부 초기에는 군인연금법을 필두로 군인이라는 특수직역을 대상으로 한 복지입법이 많이 이루어졌다(남찬섭, 2000: 20-21). 1962년 3월에는 중사급 이상의 군인을 대상으로 전역 후 이들의 경제적 안정을 위해 정착대부사업을 하는 내용을 골자로 한 군인보험법을 공포하였으며, 이 외에도 1961년 군사원호보상법, 군사원호대상자자녀교육보호법, 군사원호대상자임용법, 군사원호대상자고용법, 1962년에 군사원호보상급여금법을 제정 및 시행하였다. 이승만 정부의 공무원연금법에 이어 박정희 정부 초기의 군인을 위한 여러 입법은 사회보장제도 도입의 출발점이었다는 점에서는 의미가 있지만, 국민들의 실질적인 복지 증진보다는 정권 유지의 기반이 되는 집단들에 보상을 주고 그들의 충성심을 유지하기 위한 도구적인 성격을 가진 것으로 보는 것이 타당하다.

산업재해보상보험법의 제정은 한국 최초의 사회보험제도의 시행이라는 측면에서 의미가 있다. 대부분의 복지국가에서 산업재해보상에 관한 제도는 다른 사회복지제도들보다 먼저 형성되었는데, 이는 이 제도가 노동력의 보전과 재생산의 측면에서 노동자들뿐만 아니라 자본가들에게도 이익이 되기 때문으로 볼 수 있다. 1964년 7월 1일부터 시행된 산업재해보상보험법은 상시근로자 500인 이상의 광업 및 제조업을 대상으로 하고, 나머지 사업은 근로기준법에 의해 보상이 이루어지도록 하였다. 보험료는 전액 사업주 부담으로 하고 실적요율제를 채택했다(유광호 외, 2005: 135). 1977년 6월에는 보험시설의 설치·운영 등 재해근로자 복지사업을 전담 수행할 기관으로서 근로복지공사가 설립되었고, 의료시설이 부족하고 산업재해가 많이 발생하는 광산 및 공단 지역에 산재전문병원을 개설하고 직업재활시설을 설치·운영하는 사업 등을 진행하기 시작했다(유광호 외, 2005: 136).

한편, 사회보장에관한법률의 경우, 제정취지는 헌법정신에 따라 사회보장제도를 도입하는 데 필요한 기본원칙과 기준을 설정함과 동시에 그 당시 이미 각 부서에 분산되어 있던 사회보장 분야 사업을 제도적으로 연결하고, 각령으로 설치된 사회보장심의위원회를 법정기관으로 하는 데 있었다. 그러나 실제 제정된 법률은 여러 사람의 손을 거쳐 국가재건최고회의의 의결을 얻는 과정에서 원안은 거의 삭제되고 사회보장심의위원회의 설치를 위한 법률규정에만 그치고 말았다(문옥륜 외, 2004: 50). 보건사회부장관 소속하에 설치된 사회보장심의위원회는 사회보장에 관한 중요 사항을 조사·연구하고 심의하는 기구로서 이후 한국 사회복지제도의 형성에 중요한 역할을 하게 된다.

이 시기에 사회복지서비스 분야에서 나타난 가장 큰 변화는 사회복지사업법의 제정이다. 제3공화국에 들어서면서 아동복리법(1961), 윤락행위등방지법(1961), 자활지도사업에관한임시조치법(1968) 등 사회복지서비스에 대한 법률이 제정되기 시작했지만, 형식적인 사회복지법제의 도입이었을 뿐 이전과 비교하여 새로운 사회복지서비스 체계를 구축한 것은 아니었다(이현주 외, 2003). 그러던 것이 1970년 1월 1일 사회복지사업법이 제정되면서 어느 정도 체계를 갖게 된다. 이 법에 의해, 민간의 사회복지사업에 대한 정부의 지도, 감독 권한이 규정되었으며, 사회복지사업에 대한 국가의 재정보조가 공식화되었고(유광호 외, 2005: 263), 사회복지사업이 생활보호법, 아동복리법, 윤락행위등방지법에 의한 보호사업, 복지사업, 선도사업, 복지시설의 운영 등을 목적으로 하는 사업으로 정의되었다.

사회복지사업법의 제정과 함께 사회복지법인 사업이 발전했다는 점도 이 시기 사회복지서비스 분야에서 중요한 점이다. 1960년대 말까지 활동의 규모나 영향력의 면에서 한국 민간 사회복지사업 영역에서 적지 않은 비중을 차지했던 외원기관의 역할이 1970년대를 전후하여 쇠퇴하기 시작하면서, 사회복지시설 운영재원에서 차지하던 외원기관의 지원 비중은 줄어들고 정부의 지원이 이를 대신하게 된다(감정기 외, 2002: 378-379).

한편, 공무원연금제도의 적용을 받는 공립학교 교직원들과 달리 연금 혜택을 받지 못했던 사립학교 교직원들을 위해 1973년 12월 사립학교교직원연금법이 제정되어 1975년부터 시행되었다.

다음으로는 유신체제하에서 국민연금제도와 의료보장제도의 도입 논의가 어떻게 진행되었는지를 살펴보기로 하자. 먼저, 국민연금제도와 관련하여 법률제정이 처음으로 이루어진 것은 1973년이다. 정부 내에서 연금제도에 대한 정책 아이디어는 1960년대 후반 보건사회부 내의 자문기관인 사회보장심의위원회에서 처음 나왔지만, 당시 정치·관료 엘리트들은 이에 대해 관심이 별로 없었다(정무권, 1993: 508).

이러한 상황에서 1972년 KDI는 외국 자문단의 제안에 영향을 받아 박정희 대통령에게 연금제도는 분배 문제를 해결하는 사회보장정책일 뿐만 아니라 중화학공업에 필요한 내자를 동원하기 위한 효과적인 정책수단이 될 수 있다고 제안하였다(Park, 1975; 손준규, 1981; Jun, 1980, 정무권, 1993: 508에서 재인용). 보건사회부 역시 1973년 1월 대통령 연두순시에서 사회부문의 중요 정책과제로 '국민복지연금법(안)'을 보고하였는데, 보건사회부 안은 내자동원의 수단보다는 노후소득 문제에 대한 해결책의 성격을 가지고 있었다. 이에 박정희 대통령은 경제기획원과 보건사회부가 공동으로 연금제도를 만들 것을 지시하는데, 최종안

작성 과정에서 실질적인 주도권은 경제기획원과 KDI가 가지고 있었다. 1973년 9월 제도의 기본요강이 국민들에게 공개적으로 발표된 후 여러 가지 비판여론이 있었지만, 큰 수정 없이 1973년 12월 국민복지연금법이 국회에서 통과된다.

그러나 법의 제정이 제도의 시행으로 곧바로 이어지지는 못했다. 1973년 후반 오일쇼크에 의해 비롯된 지속적인 인플레이션과 기업의 자금난 때문에 연금제도의 실시가 기업에게 재정적 부담을 가중시킬 것으로 예견되었고, 이러한 상황에서 박정희 정부는 긴급조치 제3호에 의해 1974년 1월 1일로 규정된 제도 시행을 유보시킨다. 이후 1974년 12월 21일 법 개정으로 제도 시행일이 1976년 1월 1일로 규정되지만, 1975년 12월 31일 다시 법이 개정되면서 제도 시행일이 무기한 연기된다. 이러한 일련의 과정에는 집행환경의 어려움뿐만 아니라 연금제도에 의해서 동원할 수 있는 자본의 비중이 크지 않을 것이라는 판단이 작용했을 것으로 보인다. 즉 제도 자체가 사회복지적 기능보다는 경제개발에 필요한 내자동원이라는 경제적 기능에 초점이 맞추어져 있었기 때문에(전남진, 1987), 경제 상황의 변화에 따라 시행 여부 자체가 불분명하게 된 것이다.

한국의 의료보장체계의 두 축을 이루는 의료보험제도와 의료보호제도가 도입된 것도 유신체제하에서의 일이다. 의료보험법이 처음 제정된 것은 1963년 12월 16일이다. 1962년 2월 발족된 사회보장심의위원회의 의료보험반에 의료보험법의 초안 임무가 부여되어 국내외 자료수집과 국내 실태조사를 벌이게 된다. 그 결과를 토대로 전문위원들은 의료보험 도입이 시기상조라는 의견을 제시하였으나 당시 국가재건최고회의의 일부 위원들이 전 국민을 대상으로 하는 사회보장입법이 필요하다고 강력히 주장하였다(문옥륜 외, 2004: 51). 그 결과 현행 의료보험법의 골자와 비슷한 내용의 법안이 만들어졌으나, 최고회의 심의 과정에서 강제적용이 임의적용으로 변질된 채 1963년 12월 16일 최고회의 마지막 날에 시급을 요하는 다른 법안들과 함께 무더기로 통과되고 말았다(문옥륜 외, 2004: 51).

이후 1970년 8월 7일 의료보험법이 개정되어 근로자·군인·공무원에 대한 강제가입 원칙이 적용되고, 자영자는 임의가입대상자로 분류하였다. 이 법은 최초의 법률보다는 진일보한 것이지만, 시행령도 만들어지지 못한 채 사문화되어 법률에 의해 몇 곳의 시범의료조합만이 인가되었을 뿐이다(유광호 외, 2005: 97).

의료보험제도가 본격적으로 시행된 것은 1976년 12월 22일 의료보험법이 개정되고 1977년 7월부터 500인 이상 사업장을 대상으로 의료보험제도가 시행되면서부터다. 개정 법률은 국내에 거주하는 국민은 의료보험의 피보험대상이 되고, 다만 공무원연금법, 군인연금법 또는 사립학교교원연금법의 해당자나 다른 법률에 의하여 의료보험에 가입된 자 및 생활보호법에 의한 보호를 받는 자와 그 세대에 속하는 자는 제외한다고 규정하였다. 구체적인 적용 대상과 관련해서는 사업의 종류, 근로자 수 등에 따라 대통령령이 정하는 사업장의 근로자(제1종 피보험자, 500인 이상 사업장)는 당연적용피보험자이고 소규모사업장 근로자와 농어민을 포함한 자영자(제2종 피보험자)는 지역의료보험제도에 임의 가입할 수 있다고 규정하였다.

또한 직장의료보험의 경우에는 근로자와 사용자가 월급여의 3~8% 범위의 보험료를 공동부담하고, 지역의료보험의 경우에는 피보험자가 전액부담하게 하여 국가재정중립주의를 고수하였으며, 행정체계는 직장의료보험의 경우 행정편의상 기업단위 의료보험조합이 운영하도록 하는 이른바 조합주의 체계를 택하였다(이혜경, 1993: 180). 이러한 조합주의 방식은 제도 도입 과정에서 논쟁을 거쳐 결정된 것이 아니라, 사회보장심의위원회 소속의 전문위원들이 처음 의료보험법을 만들 때 보험조합에 의한 건강보험 운영을 규정한 일본의 법률을 큰 문제의식 없이 받아들인 결과로 볼 수 있다(이두호 외, 1992: 318). 1977년에는

‘공무원및사립학교교직원의료보험법’이 제정되어 1979년 1월부터 시행되었다.

의료보호제도는 1977년 12월 31일 의료보호법이 제정되어 1979년 1월부터 본격적으로 시행되었다. 이전의 의료보호제도는 생활보호법에 근거하여 시행하고 있었으나 여러 가지 미흡한 점이 많았다. 의료보호법의 제정으로 생활보호자에 대한 실질적인 의료보호가 실시되었다는 점에서 의의가 있지만, 의료보험과 진료수가를 차등 급여하여 수급자가 의료기관에서 냉대를 받는 등 시행 초기에는 여러 가지 문제점이 드러나기도 했다(이인재 외, 2006: 433).

이처럼 유신정권 후반기에 의료보장제도가 구축된 배경에 대해서는 여러 가지 해석이 가능하겠지만, 우선 연금제도 집행이 실패한 상황에서 국민들의 체제에 대한 불만이나 사회복지 욕구를 해소할 정치적 수단이 필요했다는 점을 들 수 있다. 또한 남북대화가 시작되면서 북한과의 체제우월성 경쟁이 발생한 것도 한 요인이 되었다(감정기 외, 2002). 1972년 제정된 북한의 신헌법은 집단주의 원칙에 기초한 인민의 기본권리로서 무상치료제, 무료의무교육, 사회보험과 사회보장, 노동의 양과 질에 의한 분배, 8시간 노동제, 유급휴가제, 정휴양제, 여성보호와 탁아 등의 내용을 담았는데, 이러한 북한의 사회정책 입법과 조치가 남한 정부의 사회복지정책 개발과 제도 형성에 자극을 주었다는 것이다(조흥식, 1996: 25). 또한 기업이 보험료 부담을 감수하면서 의료보험제도를 받아들인 데에는 장기적으로 노동재생산 비용 감소에 도움이 될 것으로 판단했기 때문으로 볼 수 있다.

또 한 가지 지적할 점은, 연금제도와 의료보험제도의 도입 과정에서 제도의 실질적인 대상이 되는 국민들의 목소리가 반영되지 못하고 정부 관료들의 주도로 진행되었다는 점이다. 연금제도의 경우, 1973년 기본 요강이 발표된 이후 공청회가 열리기도 했지만 의견 수렴을 목적으로 한 것이라기보다는 사후 승인을 통한 정책의 정당성 확보 차원에서 이루어진 것으로 볼 수 있다. 이처럼 권위주의적 정부하에서 정부 관료들에 의해 빠른 속도로 제도가 만들어지면서 일본의 제도를 그대로 답습하는 경향이 나타났고, 정부의 부담을 최소화하는 사회보험 방식으로 제도가 설계되었다.

3) 제도 변화의 성격

허정 과도정부와 장면 내각 시기의 정치적 분열을 빌미로 등장한 박정희 권사정권은 군, 정보기관, 억압적인 관료기구를 앞세워 사회의 전 영역을 통제하면서 성장 위주의 경제정책을 강력하게 추진하기 시작하였다. 쿠데타로 집권한 박정희 정부의 최대과제인 경제개발은 정권의 사활이 걸린 중차대한 문제였던 것이다. 1962년부터 제1차 경제개발계획을 시행하여 제3공화국이 시작되는 1964년부터는 수출주도의 외자의존형 경제성장정책이 추진되기 시작한다. 1960년대의 경공업에서 1970년대의 중화학공업으로의 주도산업 전환을 통해 국가주도형 산업화전략은 상당한 성공을 거두게 된다. 이 시기에는 이른바 '한국적 민주주의'라는 슬로건 아래 권위주의적인 일방적 정치가 유지되었고, 이러한 권위주의의 효율적 통제가 국가주도적 산업화의 성공을 위한 토대로 활용되었기에 가능한 일이었다.

하지만 산업화를 통한 성장만으로 사회에 만연한 빈곤 문제가 일시에 해소될 수는 없었고, 정권의 정당성 확보에 기여할 수 있는 사회복지제도가 검토 또는 도입되기에 이른다. 1970년대를 통해 외원기관 중심의 민간복지 시스템은 점차 쇠퇴하는 대신 정부의 지원을 통한 국가복지의 도입이 시작되었다. 하지만 복지국가의 초기적 제도화 과정에서도 여전히 가장 중요한 것은 성장에 얼마나 기여하는지의 여부와 성장을 침해하지 않는지의 여부였다. 이 시기 도입된 생활보호법, 군인연금법을 비롯한 특수직역 연금법들, 산업재해보상보험법에 대해 이러한 잣대가 중시되었다는 것이 기존 연구들의 다수설이기도 하다.

복지국가 입법에서 성장기여성이 중요한 잣대였다는 사실은 국민복지연금법(안)의 작성 과정에서 보건사회부보다 경제기획원과 KDI가 주도권을 행사했다는 것에서도 확인된다. 제도 자체가 경제개발용 내자동원에 치중된 데 더해, 1970년대를 강타한 오일쇼크의 위기 속에서 유야무야되고 만다. 의료보험과 의료보호 등의 제도가 도입되기도 하는데, 북한과의 체제경쟁의 결과로 해석될 여지가 많은 제도화의 사례로 기억되고 있으며, 그나마 정부의 부담을 최소화하는 사회보험 방식으로 제도가 설계되었다.

요컨대, 박정희 정부 시기에 시작된 복지국가 제도화는 여전히 잔여적이었으며, 사회보험의 경우에도 권위주의 정권의 정당성과 충성 확보를 위한 보수주의적 성격이 강한 것이었고, 모든 제도의 도입에 경제성장 기여성이 검증되는, 이른바 '발전국가형 복지국가'의 시작이라 평가할 수 있다.

3. 전두환 정부의 사회복지제도

1) 정치·경제적 변화

1978년 세계경제의 불황에 1979년 2차 오일쇼크가 겹치면서 수출 중심의 한국 경제는 심각한 위기를 맞게 된다. 판매 시장을 확보할 수 없는데다 과잉·중복 투자된 중화학공업의 가동률이 떨어지고 인플레이션과 함께 실업률이 증가하면서, 1970~1979년의 기간 동안 매년 약 6.4%씩 성장하던 한국 경제는 1980년에는 −3%의 경제성장률을 나타냈다.[2] 이와 같은 경제위기 속에서 1979년 8월, 사상 처음으로 노동자들이 야

2. 1인당 실질GDP의 연평균복합성장률(Compound Annual Growth Rate) 기준.

당 당사를 점거하고 농성을 벌인 YH무역노조 사건이 발생했다. 경찰이 노조원들을 강제 해산시키는 과정에서 한 여성 노동자의 죽음을 불러온 이 사건이 정치쟁점화되고, 10월에 부마항쟁이 발생하면서 박정희 정부의 정치적 위기는 더욱 심화된다. 또한 1977년 미국 카터 정부의 인권외교와 주한미군 철수 문제로 빚어진 박정희 정부와 미국 정부 간의 갈등도 유신체제의 위기를 고조시켰다. 박정희 정부가 몰락하는 직접적인 계기는 10·26사건이지만, 그 배경에는 이러한 유신체제의 위기 극복을 둘러싸고 발생한 체제 내부의 권력 갈등이 존재하고 있었다. 이후 1980년에서 1987년에 이르는 제5공화국은 전두환 정부에 의한 통치가 이루어진다.

1979년 12·12쿠데타를 통해서 군부를 장악한 전두환과 노태우가 중심이 된 '신군부'는 최규하를 앞세워 '유신체제의 합법적 연장'과 '이원집정제 개헌' 등을 시사하며 유신체제를 연장시키려는 계획을 진행시켜 나갔다. 이후 신군부는 1980년 5월 17일 계엄령을 전국으로 확대시켜 사실상 정권을 장악했다. 12·12쿠데타와 5·17계엄령 사이의 기간인 소위 '서울의 봄' 동안 학생세력을 중심으로 민주화운동이 강화되었지만, 학생운동세력 내에서의 투쟁 방법에 대한 갈등과 야당 및 재야 세력의 소극적 대응 등으로 인해 군사정권의 재등장을 막지는 못했다. 신군부는 이미 마련된 정권창출 시나리오에 따라 1980년 8월 27일 전두환을 유신헌법에 의해 대통령에 선출함으로써 집권을 완료했다. 카터 정부와 달리 강경외교노선을 추구한 미국의 레이건 정부는 전두환 군사정부를 적극 지지하며 한·미·일 삼각 군사동맹을 강화해 나갔다.

집권 과정에서 정권의 정당성을 결여한 전두환 정부는 그에 따른 정치적 불안을 해소하기 위해 정치와 사회를 정화한다는 명분으로 여러 가지 반민주악법과 국가안전기획부를 중심으로 한 강압적 국가기구를 통해 사회 각 부문을 폭력적으로 통제했다. 계엄령하에서 '5공 헌법'을 만들고 초헌법적 기구로 국가보위입법회의를 둔 전두환 정부의 권위주의적 사회통제는 이 정부가 박정희 군사정부의 연속선상에 있음을 말해 준다. 전두환 정부는 체제정비에 어느 정도 성공한 이후부터는 컬러 TV 방송, 86아시안게임과 88서울올림픽 유치, 중·고등학교의 교복과 두발 자율화, 야간통행금지 해제 등의 유화정책으로 독재체제의 안정을 꾀하기도 했다. 그러나 '이철희·장영자 사건'과 같은 대형 부정부패 사건이 폭로되고, 1985년 2월 12일 총선 뒤 대통령 직선제를 핵심으로 한 개헌운동이 야당과 재야 세력을 중심으로 활발히 전개되면서 전두환 정부는 점차 위기에 처하게 된다. 개헌운동은 국민들의 광범한 지지 속에 전국적으로 확산되어 1987년 6월 민중항쟁으로 이어졌고, '호헌(護憲)'으로 맞섰던 전두환 정부는 결국 '6·29선언'으로 막을 내려야 했다. 한편, 국회의 개헌특위 구성과 6·29선언에 이르는 과정에는, 반독재민주화투쟁이 체제위기로 확대되는 것과 반미운동이 가열되는 것을 미연에 방지하기 위한 미국의 영향력도 일정 부분 작용했다.

정치 영역에서와 마찬가지로 경제정책 영역에서도 전두환 정부는 박정희 정부의 정책기조를 그대로 이어갔다고 볼 수 있다. 한국 경제는 1970년대 중화학공업에 대한 중복·과잉 투자와 1979년 2차 오일쇼크에 이은 세계경제의 침체로 1980년 최초로 마이너스 경제성장률을 기록하며 위기를 맞이한다. 이에 전두환 정부는 건설중장비와 자동차 같은 기술집약적 산업을 육성하고, 쇠퇴하는 산업에 대해서는 업종 전환과 생산기지 이전, 부실기업 정리 등의 방법으로 산업 구조조정을 추진했다. 또한 박정희 정부의 중화학공업 중심의 수출주도형 경제성장정책을 이어갔다. 그 이전까지 '경제개발 5개년계획'이던 것이 '제5차 경제사회발전 5개년계획(1982~1986)'으로 바뀌면서 '사회'라는 새로운 범주가 추가되었고, '개발'이라는 용어 대신 '발전'이라는 용어로 경제정책이 추진되었지만(김상균, 2006: 169), 경제성장을 중심으로 한 경제정책이나 기타 정부정책의 방향은 박정희 정부 때와 크게 다르지 않았다. 그 결과 이 시기에도 연평균 7.3%에 가까운 높은 경제성장률을 기록했다. 특히 1983년 후반 이후의 국제경제 호황과 1986년 저금리·저유가·저달러의 '3저 호황'은 수출이 중심이 된 한국 경제의 성장에 유리하게 작용했다.

그러나 이러한 경제성장정책을 추진하는 과정에서 여러 가지 문제점이 발생했다. 우선 산업구조조정과 부실기업정리 과정에서 재벌과 소수 자본집단에게 많은 특혜가 돌아갔고 재벌 중심의 경제구조가 형성되었다. 또한 박정희 정부에 이어 경제의 대외의존성이 심화된 것도 국제 경제위기에 대한 취약성 측면에서 문제점으로 지적되고 있다.

2) 사회복지제도의 변화

전두환 정부는 복지국가의 구현을 국정목표의 하나로 내세웠으나, 전반적으로 볼 때 5공화국에 들어서 사회복지제도의 획기적인 변화는 없었고, 박정희 정부 때부터 존재해 왔던 제도들의 적용범위 확대와 같은 부분적 보완만이 있었다. 집권 초기에 사회복지서비스 영역을 중심으로 몇 가지 사회복지 관련 법률들이 제·개정되었지만, 이는 국가권력을 찬탈한 군부집단이 자신들의 정치적 개입을 정당화시키는 기제로 활용했다고 보는 것이 타당하다(성경륭, 1991).[3]

사회복지제도가 크게 발전하지 못한 데에는 우선 전두환 정부가 경제성장을 다른 어떤 과제들보다 우선시했다는 점이 작용했다. 즉 전두환 정부 역시 박정희 정부와 마찬가지로 복지정책이 경제성장에 도움이 된다고 판단되거나, 정권의 정당성 확보에 도움이 되는 경우에 한해서 국가의 재정부담은 최소화하는 방식의 제도를 도입한 것이다. 그리고 고속 경제성장으로 생활수준이 전반적으로 향상되고 소득분배구조도 어느 정도 개선되는 양상을 보이면서, 국민들이 사회복지정책의 필

3. 전두환 정부 초기의 정치구도는 박정희 군정기(1961~1963)와 전반적으로 유사하다.

요성을 상대적으로 덜 느꼈고, 억압적인 통치기구들이 집권 중반기까지 효과적으로 사회를 통제했다는 점도 이 시기 사회복지제도의 발전을 가로막았던 요인으로 볼 수 있다.

각 영역별 변화를 살펴보면 다음과 같다. 먼저, 사회복지서비스 영역에서는 집권 초기인 1981년 6월에 노인복지법과 심신장애자복지법이 제정되고, 4월에는 아동복리법이 아동복지법으로 전면 개정되었으며, 1982년 12월에는 유아교육체계의 정비를 목적으로 한 유아교육진흥법이 제정되었다. 이러한 법률 제정은 임의 규정이 많다는 점에서 한계는 있지만 사회복지서비스 제공에 근거가 되는 법률의 틀이 갖추어졌다는 측면에서 의미가 있다. 또한 1983년에 사회복지사업법이 개정되어 사회복지서비스 영역의 전달체계 개선의 바탕이 마련되고 민간사회복지 활동의 법적 구심이라 할 수 있는 사회복지협의회의 법적 근거가 마련된 것도 주목할 만하다(감정기 외, 2002: 377). 1982년부터 각 시도별로 종합사회복지관이 설치되어 운영되기 시작하였고, 1987년부터 사회복지전문요원(별정직)이 일선 동사무소에 배치되기 시작했다는 점도 사회복지 전달체계에 있어서 의미 있는 변화다. 〈표 3〉은 전두환 정부 시기 사회복지서비스 각 분야별 제도 변화를 정리한 것이다.

공공부조 영역에서도 1982년 12월 생활보호법의 전면개정으로 제도의 변화가 있었는데, 개정된 생활보호법의 주 내용은 근로능력이 있는 자로서 생활이 어려운 자에 대해 자활을 지원하는 것, 교육보호와 자활보호 추가, 그리고 생활보호대상자를 종전의 영세민과 준영세민의 구분에서 거택보호자, 시설보호자, 자활보호자로 구분한 것(1983년 12월 시행령 개정을 통해 이루어짐) 등이었다. 자활보호대상자에게는 생계보호 급여를 지급하지 않고 자활조성을 위한 생업자금의 대여, 직업훈련, 취로사업 등의 지원을 하도록 규정하였다. 이 시기 생활보호제도의 기본 원칙은 보호대상자 자신의 자산과 근로능력에 의한 생활유지와 부양의무자의 우선 부양을 전제로 하고, 모자라는 부분을 공공부조로

〈표 3〉 전두환 정부 시기의 사회복지서비스 관련 제도 변화

영역	연도	관련 제도 변화
아동·가족	1981	• 4월: 아동복리법에서 **아동복지법**으로 개정 - 요보호아동에 대한 구호적 성격의 복지제공에서 벗어나 전체 아동의 복지를 향상시키고, 특히 유아기에 기본적 인격과 특성 및 능력을 개발하는 것을 목적으로 함
	1982	• 12월: **유아교육진흥법** 제정 - 기존의 어린이집, 새마을협동유아원 및 농번기탁아소가 새마을유아원으로 흡수·통합
	1985	• 6월: 소년소녀가장에 대한 정부의 지원사업 실시
	1987	• 12월: **남녀고용평등법** 제정으로 **직장탁아제도** 도입
노인	1980	• 5월: 70세 이상 노인에 대하여 철도, 지하철, 목욕 등 8개 업종에 **경로우대제도** 실시(민간에서 재정 부담)
	1981	• 대한노인회에서 **노인인력은행** 운영 시작 - 노인 취업상담 및 취업알선 등의 사업 수행 • 6월: **노인복지법** 제정
	1982	• **경로우대제도** 확대 - 대상 노인을 65세 이상 노인으로 확대 - 우대업종에 시내버스, 극장 등 5개 업종 추가
	1983	• 생활보호대상 노인에 대해 **무료노인건강진단** 실시
	1986	• **노인공동작업장** 운영 실시 - 경로당 또는 노인복지시설로서 작업장 설치가 가능한 시설을 우선 활용하여 특별한 기술을 필요로 하지 않는 일거리 제공
	1987	• **재가노인복지사업** 실시
장애인	1980	• 저소득 장애인에게 의자, 보조기, 휠체어 등의 보장구 교부 실시
	1981	• 6월: **심신장애자복지법** 제정

〈표 4〉 전두환 정부 시기의 공공부조 관련 제도 변화

영역	연도	관련 제도 변화
공공부조	1981	• 저소득층에 대한 직업훈련사업 실시
	1982	• 저소득층에 대한 생업자금융자사업 실시 • 대도시 영세민 지방이주사업 실시(1990년 폐지) • 12월: 생활보호법 전면 개정
	1987	• 교육보호 대상을 실업계 고등학교 재학생까지 확대 - 1979년부터 생활보호대상 가구의 중학교 재학생에게 수업료 지원

보충하는 것이었다. 〈표 4〉는 전두환 정부 시기 공공부조 영역에서의 제도 변화를 정리한 것이다.

의료보험제도의 경우 1981년 1월 100인 이상 사업장으로 적용범위가 확대된 것을 시작으로 적용범위가 점진적으로 확대되었다. 1983년 1월에는 16인 이상 사업장으로 확대되었고, 1984년 법률 개정으로 피부양자 범위가 형제자매와 장인·장모에게까지 확대되었다. 1988년 1월에는 농어촌 지역 주민에게까지 적용범위가 확대되기에 이른다.

한편, 이러한 확대 과정에서 조합주의 대 통합주의의 논쟁이 시작되는데, 직장의료보험의 적용범위가 확대됨에 따라 소규모 조합의 재정 불안과 기업 내로 제한된 재분배 효과 등이 문제시되었기 때문이다. 이에 대해 보건사회부에서 통합주의로의 개정안을 제출하였고, 국회는 이에 찬성했으나 대규모 의료보험조합, 전경련, 한국노총, 청와대 비서실, 보수적인 일간신문 등에서는 반대했다. 자율적인 분산적 보험조합 행정이 사내 노사관계에 도움이 되고 국가의 부담 증대를 예방하여, 궁극적으로 복지병을 막는다는 것이 통합반대론자들의 주장이었다(이두호 외, 1992). 이 논쟁은 잠시 보류되었다가 1988년과 1989년 농어민과 도시자영자로 보험 대상이 확대되면서 다시 대두되었으나, 지역의료보험의 총비용 중 50%를 국가부담으로 규정함으로써 통합주의 논쟁은

일단 소강상태에 접어들었다(이혜경, 1993: 183-185).

유신체제에서 제도 도입이 무기한 연기되었던 국민연금제도도 전두환 정부 후반기에 실질적인 입법이 이루어진다. 1986년 5월 경제기획원에서 '국민연금제도의 도입 방안'이 발표되고, 이어서 1986년 8월 전두환 대통령은 하계 기자회견을 통해 전국민 의료보험 확대 방안, 최저임금제도의 도입 방안, 국민연금제도의 실시 방안 등을 포함한 국민복지 3대 정책을 발표한다(이인재 외, 2006: 286). 이를 바탕으로 1986년 12월 국민복지연금법이 전면 개정되어, 법명을 '국민연금법'으로 하고 제도 시행일을 1988년 1월 1일로 규정하였다.

개정된 국민연금법은 1988~1992년에는 사용자와 근로자가 각각 1.5%의 보험료를, 1993~1997년에는 사용자와 근로자, 퇴직금전환금에서 각각 2%의 보험료를, 그리고 1998년부터 사용자와 근로자, 퇴직금전환금에서 각각 3%의 보험료를 부담하여 총 9%가 되도록 규정하였다. 그리고 급여는 연금수급 전년도 사업장가입자 전체의 평균보수월액(균등 부분)과 가입자 개인의 가입기간 중 표준보수월액(소득비례 부분)을 함께 고려하도록 하였다. 또한 상시 노동자 10인 이상 사업장을 당연적용대상자로 하였다.

전두환 정부 후반기에 국민연금법이 시행된 이유로는 우선 사회·경제적 상황이 제도 도입에 유리했다는 점을 들 수 있다. 1980년대 이후 노령 인구의 증가에 따라 노후 생계보장에 대한 욕구가 커진 반면, 그에 대한 개인 차원과 정부 차원의 대책은 미미했고, 국민소득의 지속적인 증가는 국민들의 보험료 납부 능력을 증대시켰다. 또한 집권 내내 억압적 사회통제를 시행했던 전두환 정부가 집권 후반기에 억압적 능력이 한계에 도달하면서 부득이하게 선택한 관용이었다는 해석도 가능하다(서봉섭, 1997).

3) 제도 변화의 성격

박정희 정부는 10·26사건을 계기로 종언을 고하고 신군부가 들어서게 된다. 잠깐 동안 '서울의 봄'으로 기억되는 민주화운동의 부흥이 있었지만 군사정권의 재등장을 막을 수는 없었다. 집권 과정에서 정당성을 결여한 전두환 정부는 정치와 사회를 정화한다는 슬로건 아래 박정희 정부와 동일한 방식으로 사회 각 부문에 대한 권위주의적 통제를 강화한다. 정권이 안정기에 접어들자 각종 유화정책을 실시하는 등 체제에 대한 국민적 지지를 확보하는 당근전략을 채택하기도 했다. 그러나 1985년 총선 이후 대통령 직선제를 화두로 하는 개헌운동이 활발하게 전개되면서 전두환 정부는 위기를 맞게 된다. 개헌운동은 전 국민의 열화와 같은 지지 속에 1987년의 6월항쟁으로 이어졌고 호헌으로 대응하던 전두환 정부는 마침내 '6·29선언'으로 막을 고하기 시작한다.

정치 영역과 마찬가지로 경제 영역의 정책기조도 박정희 정부의 수출주도형 중화학산업화를 지속하였다. 하지만 그 이전까지 '경제개발 5개년계획'이던 것을 제5차부터는 '경제사회발전 5개년계획'으로 내용상의 수정을 부가하기도 한다. 그럼에도 불구하고 정책상의 기조는 여전히 경제에 방점이 찍혀 있었다는 점에서 박정희 정부의 그것과 큰 차별성이 보이지는 않는다.

정치적 수사의 성격이 강했지만, 전두환 정부의 국정목표 중 하나는 '복지사회의 구현'이었고 여러 복지국가 제도의 보완과 수정이 시도되었다. 하지만 전두환 정부 역시 박정희 정부와 마찬가지로 복지정책이 경제성장에 도움이 되는지의 여부를 잣대로 하였고 국가의 재정부담을 최소화하는 방식의 제도화만을 도모하였다. 고속 성장에 의해 국민생활수준이 급격히 향상됨과 동시에 소득분배구조도 어느 정도 개선되어 복지국가 제도화를 통한 사회안정화의 필요성이 그다지 크지 않았다는 점도 주요한 시기적 특성이라 할 수 있다. 정권 말인 1986년에는 전국민 의료보험 확대방안, 최저임금제도의 도입방안, 국민연금제도의 실시방안 등을 포함한 국민복지 3대 정책을 대통령이 직접 발표하는 등의 시도가 있었으나 이 역시 당시의 민주화운동 확산에 따른 유화책의 일환으로 보는 것이 타당하다.

요컨대, 전두환 정부 시기의 복지국가 제도화 성격은 박정희 시대의 것과 거의 동일한 것으로 간주할 수 있으며, 그 보수적인 성격과 발전주의적인 성격은 여전히 유지된 것으로 평가할 수 있다.

III. 민주화 시대, 한국 복지국가의 발전

1. 노태우 정부의 사회복지제도

1) 정치·경제적 배경

1987년 6월 민주항쟁의 성과물인 직선제 대통령 선거를 두고 야당 후보 단일화에 실패한 야권은 통일민주당의 김영삼과 평화민주당의 김대중으로 분열되었고, 그에 따라 재야세력도 분열되었다. 그리고 1987년 12월 16일 대통령 선거에서 야당이 분열된 가운데 'KAL기 폭파 사건' 같은 이른바 '북풍' 정치공작과 노골적인 지역감정 조장 등으로 결국 노태우가 대통령에 당선되었다. '호헌철폐' 요구에서 시작된 6월 민주항쟁은 전국적·전 계층적으로 확산되면서 군부독재 타도 투쟁으로 발전했고 그 결과 직선제 개헌을 수용한 '6·29선언'이 이루어졌지만, 야당의 분열과 민족민주운동 세력의 취약한 지도력 등의 한계로 새로운 정권의 창출로 이어지지는 못한 것이다. 그러나 6월 민주항쟁과 직선제 대통령 선출이 이후 한국 민주주의 발전의 출발점이 된 것은 분명하다.

이후 1988년에서 1992년에 이르는 제6공화국의 노태우 정부는 전두환 정부가 집권 기간 동안 시달려 온 '정통성 결여'의 위기에서 벗어나기 위해 5공화국과의 단절 작업을 진행했고, 이러한 맥락에서 야권에서 요구한 '광주 및 5공 청산 청문회'를 받아들였다. 그러나 1988년 4·26총선 이후 형성된 '여소야대' 정국과 노동운동의 활성화 등으로 인해 노태우 정부 초기는 불안했고, 이러한 위기에서 벗어나기 위해 공안통치를 지속하고, 동시에 3당 합당으로 요약되는 이른바 '보수대연합'을 추진했다(김인걸 외, 1998: 390-392). 즉 활성화되는 노동운동과 문익환 목사 방북 사건 등을 빌미로 자유민주주의 체제의 위기의식을 조장하며 공안통치에 나섬과 동시에, 1990년에는 '내각제 개헌'을 밀약으로 여당인 민주정의당, 야당인 김영삼의 통일민주당과 김종필의 신민주공화당 등 3당이 합당하여 '민주자유당'을 만들었다. 이렇게 형성된 '거대야당' 정치구조와 남북한 동시 유엔 가입(1991. 9) 및 '남북 사이의 화해와 불가침 및 교류협력에 관한 합의서' 채택(1991. 12)을 계기로 형성된 남북한 화해 분위기를 바탕으로 노태우 정부는 집권 중반 이후 정권의 안정을 유지할 수 있었다.

한편, 노태우 정부의 경제정책은 산업구조조정과 재벌로의 경제력 집중, 그리고 수출주도형 경제성장정책으로 요약되는 전두환 정부 경제정책의 연장선상에 있었다. 제6차 경제사회발전 5개년계획(1987~1991)은 1987년 민주화 항쟁이 일어나기 전인 1986년 전두환 정부 시절에 준비를 완료하고 1987년 1월에 발표되었는데(김상균, 2006: 171), 노태우 정부는 이를 그대로 추진하였다. 특히 노태우 정부에서는 농산물을 비롯한 금융과 산업 부문에서의 대외 개방이 급속히 확대되었고, 미국을 중심으로 한 국제 분업의 재편에 맞추어 부실기업 정리를 포함한 산업구조 조정이 이루어졌다. 이 과정에서 한국 경제의 대외 의존성과 재벌 중심의 경제구조는 더욱 심화되었다.

2) 사회복지제도의 변화

노태우 정부 기간 동안 이루어진 정치제도의 민주화와 시민단체 활동 및 노동운동의 활성화는 사회복지제도의 발전을 가져오는 중요한 요인이 되었다. 우선, 정치제도의 민주화는 사회복지제도가 확대될 수 있는 기본적인 토대가 되었다. 노태우 정부에서 실질적인 민주주의 체제가 확립되었다는 것에는 이견이 있을 수 있겠지만, 적어도 이전 정부들과는 다른 민주주의 정치구조가 형성되었다는 점은 분명하다. 물론 한국의 경험에서도 알 수 있듯이, 권위주의 체제에서도 사회복지제도가 도입될 수 있지만, 국가권력이 상호 독립되고 견제하는 기구들에 분권화되어 있고 국민이 직접 국가운영자로서의 정부를 선출하는 민주주의 체제하에서는 권력의 생산과 재생산이 기본적으로 국민의 동의를 얻는 선거와 정당정치에 의존하므로 국가가 국민들의 욕구에 부합하는 사회복지에 투자해야 할 필요성은 커진다.

또한 경실련(1989), 환경운동연합(1993), 참여연대(1994) 등을 비롯한 전국 및 지방 단위의 시민운동단체들은 개별적 혹은 상호 연대의 방법으로 지역과 국내 문제는 물론 국제 문제에까지 관여하는 정치적 힘을 발휘하면서(감정기 외, 2002) 사회복지정책의 형성에도 영향을 미치기 시작했다. 1987년 '노동자대투쟁'을 거치면서 조직화되고 활성화된 노동운동 역시 임금협상뿐만 아니라 사회정책으로까지 활동 영역을 확대해 가면서 사회복지정책의 발전에 영향을 끼쳤다.

그러나 다른 한편으로 수출이 주도하는 성장 중심의 경제정책 유지와 집권 중반기 이후의 정권 안정이라는 대내적 상황과 동구 사회주의 국가들의 붕괴와 서구 복지국가 위기론의 확산이라는 대외적 환경은 사회복지제도의 발전을 제약하는 요인으로 작용하였다. 특히 동구 사회주의 국가들의 붕괴는 미국 중심의 세계 자본주의 체제를 더욱 강화시키는 요인이 되면서 국내에서도 좌파 이론가 및 운동세력을 위축시키는 결과를 초래하였고(감정기 외, 2002: 382), 발전한 서구 복지국가에서 제기된 복지국가 위기론은 신자유주의 이데올로기와 결합하여 확산되면서 사회복지제도의 도입 단계에 있던 한국에도 중요한 영향을 미치게 되었다.

노태우 정부는 이전 정부에서 약속한 사회보장제도를 실시하면서 전반적으로 확충시켜 나갔다. 이 시기에 이루어진 주요한 변화로는 국민연금제도의 실시, 의료보험제도의 전 국민 확대, 그리고 고용보험제도 도입을 약속한 점 등을 들 수 있다. 또한 여러 가지 사회복지서비스 관련 법률이 제·개정되고 지역의 사회복지이용시설이 증가한 것도 이 시기의 중요한 변화다. 이 시기 사회복지제도의 변화에 대해 '보편주의적 성격으로의 변화'(남찬섭, 2000), '보편주의 원리의 도입과 사회복지의 내적인 공고화'(조흥식, 1996), '보편주의 원칙 지향'(성경륭, 1991) 등의 평가를 내리는 것도 사회보험제도의 실시와 대상 확대, 사회복지서비스 관련 법률의 정비가 이전 정부와는 큰 차이를 갖는 것으로 보기 때문이다.

그러나 이러한 변화를 한국 사회복지제도 체계의 질적인 변화로 보기는 어렵다. 주요 사회보장제도인 공적연금제도, 의료보험제도, 산재보험제도(산재보험제도는 1992년 5인 이상 사업장으로 확대)가 국가의 기본 사회보장제도로 확대되었으나 이것은 국가의 실질적인 재정부담은 최소화한 보험원칙의 고수라는 측면에서 이전 정부와 차이가 없으며, 사회복지서비스의 확대 역시 보편적인 사회서비스의 제공보다는 생활보호수혜자와 의료부조 대상자, 저소득층에 한정되어 공공부조제도를 보완하는 성격으로 이루어졌기 때문이다.

제도에 대한 논의를 시작한 지 약 15년 만인 1988년 1월 1일 시행된 국민연금제도는 상시노동자 10인 이상 사업장을 당연적용 대상으로 하고, 보험료율은 임금의 3%를 근로자와 사업주가 반씩 나누어 부담하게 했으며, 평균 수준의 소득자가 40년 가입했을 경우 약 70%의 소득대체율을 적용받도록 규정하고 있었다. 이후 1991년 8월 시행령이 개정되어 1992년 1월 1일부터 5인 이상 사업장까지 당연적용 대상이 확대되었고, 1993년 1월 1일부터는 보험료율이 표준소득월액의 6%로 인상되었고(근로자 2%, 사용자 2%, 퇴직금전환금 2%), 특례노령연금이 지급되기 시작하였다. 특례노령연금은 1988년 1월 1일 현재 45세 이상 60세 미만인 자로서 5년 이상 가입한 자에 대해 기본연금액의 일정 비율에 해당하는 금액을 지급하는 제도다.

의료보험제도의 경우 1988년 1월 1일 농어촌 지역까지 확대 실시되고, 같은 해 7월에는 5인 이상 사업장 근로자에게까지 적용범위가 확대되었으며, 이듬해 7월 도시지역의료보험이 실시되면서 전국민 의료보험 시대를 맞이하게 된다. 1989년 10월에는 약국의료보험이 실시되었다. 고용보험제도는 1992년 3월에 발표된 제7차 경제사회발전 5개년계획에 도입에 관한 내용이 포함되었고, 1992년 고용보험연구기획단이 발족되었다(이인재 외, 2006: 356).

공공부조 영역에서는 1990년부터 저소득 중증·중복 장애인에게 월 2만 원씩 생계보조수당을 지급하고, 1991년부터 70세 이상, 거택보호가구주를 포함한 저소득 노인 7만 6천여 명에게 월 1만 원씩 노령수당을 지급하기 시작했다. 그러나 공공부조제도의 중심이 되는 생활보호제도에서는 큰 변화가 없었다.

이 시기에는 사회복지서비스 영역에서 많은 발전이 이루어졌다. 우선 생활보호사업과 사회복지서비스 전달 업무를 효과적으로 수행하기 위해 도시 영세민 밀집지역에 파견된 사회복지전담공무원들이 본격적인 활동을 시작했으며,[1] 사회복지관, 장애인복지관, 노인복지관, 재가복지봉사센터[2] 같은 사회복지이용시설이 증가하였다. 또한 1989년 12월에 '노인복지법'이 전문 개정되고 '심신장애자복지법'이 '장애인복지법'으로

---

1. 1987년 49명에서 1992년 2,481명으로 증가하였다.
2. 1992년부터 사회복지관, 장애인복지관, 노인복지관 등에 부설 형태로 운영되기 시작했다.

〈표 5〉 노태우 정부 시기의 사회복지서비스 관련 제도 변화

영역	연도	관련 제도 변화
아동·가족	1989	• 4월: **모자복지법** 제정 - 모자복지상담소, 모자가정에 대한 현금급여 및 생업자금 대여, 모자복지시설의 종류 등에 대해 규정함
	1991	• 1월: **영유아보육법** 제정 - 이 시기에는 여성의 사회진출이 증가하고 저소득층 및 농촌지역 아동의 방치가 사회문제화됨으로써 탁아 및 보육 서비스에 대한 관심이 증대되었고(조흥식, 1996), 이에 체계적인 보육사업을 위한 법 제정 필요성 대두 - 단순 '탁아'사업에서 보호와 교육을 통합한 '보육'사업으로의 전환
노인	1989	• 12월: **노인복지법** 개정 - 노인복지시설의 범위 확대 - 65세 이상 노인에 대한 노령수당 지급 근거규정 마련
	1990	• 민간에서 부담하던 승차권 지급 비용을 정부에서 부담
	1991	• 12월: **고령자고용촉진법** 제정
장애인	1988	• **장애인 등록사업** 실시
	1989	• 12월: 심신장애자복지법에서 **장애인복지법**으로 개정 - 장애수당, 자녀학비 지원, 의료비 지원, 자립자금 대여 같은 장애인에 대한 실질적 지원의 근거규정 마련
	1990	• 1월: **장애인고용촉진등에관한법률**이 제정되면서 1991년부터 **장애인 의무고용제** 실시 • 저소득 중증·중복 장애인에게 **생계보조수당 지급**(월 2만원씩) 실시 • 자활보호대상자에 대해 장애인 본인이 부담하게 되어 있는 외래부담금 중 50%, 입원부담금 전액 지원 실시
	1992	• 생활보호대상자는 아니지만 재산과 소득이 일정 수준 이하인 장애인 자녀에 대한 교육비 지원 실시 • 저소득 장애인에게 자립자금 저리 대여 실시

개정된 것을 비롯하여 '모자복지법'(1989. 4), '장애인고용촉진등에관한 법률'(1990. 1), '영유아보육법'(1991. 1), '고령자고용촉진법'(1991. 12) 등이 제정되었다. 〈표 5〉는 노태우 정부 시기의 사회복지 서비스 제도 변화를 각 분야별로 정리한 것이다.

3) 제도 변화의 성격

야당의 호헌철폐 요구에서 촉발된 6·29선언에도 불구하고, 양 김씨의 대선 동반출마에 따른 야권분열은 군사정권에 뿌리를 둔 노태우 정부의 출범을 도와주고 만다. 제6공화국의 노태우 정부는 정통성 결여라는 위기를 극복하기 위한 방책으로 5공화국과의 단절 작업을 지속적으로 진행하였다. 하지만 '여소야대' 정국과 노동운동의 격화로 매우 불안한 정국이 지속되자 노태우 정부는 공안통치의 지속과 함께 3당 합당으로 요약되는 이른바 '보수대연합'을 추진했다. 거대여당의 등장과 이 시기 형성된 남북화해 무드에 힘입어 정권의 안정화를 가져올 수 있었다.

정치적 권위주의의 탈피 경향에도 불구하고 노태우 정부의 경제정책은 국가주도의 산업구조조정과 재벌로의 경제력 집중, 수출주도형 성장정책이 중심에 있다는 점에서 전두환 정부의 정책의 연장선에 있었다. 제6차 경제사회발전 5개년계획은 전두환 정부에 의해 이미 작성된 상태였고 노태우 정부는 이를 고스란히 받아 추진하게 된다.

노태우 정부 시기에 조금씩 이루어진 정치적 민주화는 시민단체의 활동 및 노동운동의 활성화로 이어졌고, 그 결과 사회복지제도의 발전을 가져오는 데 일부 기여하게 된다. 한편, 수출 주도형 성장정책의 유지와 집권 후반기 정권의 안정, 동구 사회주의의 몰락에 따른 세계 이데올로기의 우경화, 그리고 그에 따른 복지국가 반대 담론의 확산 등에 의해 실질적인 복지국가 제도의 전환으로 이어지지 못하였다. 노태우 정부는 이전 정부에서 추진한 각종 제도를 확충하여 국민연금 실시, 의료보험 전 국민 확대, 고용보험도입 약속 등 굵직한 제도적 변화를 추진하기도 하였다. 혹자는 이를 보편주의로의 전환이라 평가하기도 하고 그러한 평가가 일부 타당할지도 모르나, 근본적인 제도상의 전환으로 보기에는 미흡한 점이 한두 가지가 아니다. 무엇보다 국가의 재정부담을 최소화하는 보험원칙을 고수했고, 사회복지서비스의 도입방식 또한 공공부조와 연계된 매우 선별적이고 잔여적인 성격이 답습되고 있기 때문이다.

요컨대, 노태우 정부 시기의 복지국가 제도는 사회보험을 강화했다는 점에서 보수주의적인 성격을 유지하고 있으며, 경제성장 우선이라는 정책기조가 유지된 상태에서 추진되었다는 점에서 여전히 발전주의적인 색채가 농후한 것으로 평가할 수 있다.

2. 김영삼 정부의 사회복지제도

1) 정치·경제적 배경

1993년에서 1997년까지 계속된 문민정부 혹은 김영삼 정부는 정치적으로 매우 복합적 성격을 띠고 있었다(김태성·성경륭, 2000). 민정당, 민주당, 공화당이라는 이질적인 세 정당 사이의 합당을 통해 탄생한 정부라는 점에서도 복합적이었고, 다양한 계층과 지역적 지지기반에 넓게 뿌리를 두고 있었다는 점에서도 복합적이었다.

집권 초기 김영삼 정부는 대통령 취임사에서 밝힌 바와 같이 '신한국창조'를 국정지표로 삼고 여러 가지 개혁조치를 단행하였다. 부패척결을 위한 정치개혁을 신한국 건설의 첫째 과제로 삼은 김영삼 정부는 대통령의 정치자금 수수 거부 선언, 공무원의 재산공개, 군의 정치개입 금지, 하나회 해체 등의 정치개혁 작업을 신속하게 진행하였고, 금융시장 선진화와 정치적 부패 방지를 위해 1993년 8월 금융실명제 도입을 선언하였다.

1993년 3월에 발표된 제7차 경제사회발전 5개년계획(1992~1996)의 보고서 내용과 기조는 전반적으로 이전 제6차 계획의 연속선상에 있었던 것으로 볼 수 있다. 사회복지 부문에서는 국민연금제도를 5인 이상 사업장과 농어촌 주민들에게까지 확대하기로 하고, 최초로 고용보험제도의 도입을 계획했으며, 사회복지 전달체계를 개선하기 위해 사회복지사무소를 신설하고 재가복지서비스 도입을 계획하는 등 진일보한 내용을 담고 있었다(김상균, 2006: 172). 그러나 김영삼 정부는 이러한 7차 계획을 사문화시키고 '신경제 5개년계획(1993~1997)'을 발표하였다.

신경제 5개년계획은 대내적으로는 민주화 과정에서 각 계층의 무분별한 욕구분출, 집단이기주의의 만연, 근로의욕과 기업의욕의 쇠퇴를 문제로 보고, 대외적으로는 선진국의 보호무역주의 강화와 개도국의 추격을 문제로 보는 인식에 기초하여 정책은 전체적으로 국가의 경제개입 축소와 시장기능 강화를 지향하는 탈규제적 방향을 취하였다(남찬섭, 2000). 또한 1994년부터는 국제화를 국정목표로 제시하면서 국가경쟁력 강화에 국정의 중점을 두게 되었다(김태성·성경륭, 2000: 424). 1994년과 1995년의 높은 경제성장률은 이러한 경제정책이 일견 성공한 것으로 보이게 했다. 그러나 〈표 6〉에서 알 수 있듯이, 집권 후반기에는 경제성장 속도가 둔화되기 시작했고, 이러한 정책기조에 의해 김영삼 정부가 원래 내걸었던 소유와 경영의 분리, 경제력 집중 완화와 같은 개혁조치는 제대로 추진되지 못하는 문제가 발생했다. 그리고 김

〈표 6〉 김영삼 정부 시기의 경제성장률 변화 (단위: %)

구분	1993	1994	1995	1996	1997
1인당 실질 GDP 성장률	5.1	7.4	8.1	6.0	3.7

자료: OECD(각 연도).

영삼 정부의 경제정책은 1997년 하반기 외환위기라는 국가 초유의 경제위기를 맞이하면서 실패로 끝나고 말았다. 외환위기를 초래한 단기적 요인은 물론 한보와 기아 등 대기업의 도산, 격렬한 노사갈등, 대선을 앞둔 정치권의 정략적 이용, 정부의 무기력한 대응 등 여러 가지가 있었으나 핵심적인 정책실패 요인을 든다면 단연 1995년을 전후한 환율관리의 실패(또는 환율의 정치적 관리)와 준비 없는 외환·자본자유화였다고 봐야 할 것이다(김왕식, 1999: 270-272; 김태성·성경륭, 2000: 435에서 재인용).

2) 사회복지제도의 변화

사회복지제도가 확대되기 위해서는 사회복지제도를 사회적 권리로서 요구할 수 있을 정도로 국민들의 권리 의식이 신장되어야 하고 동시에 사회복지제도의 도입이 정책 의제가 될 수 있도록 정치적 민주화가 이루어져야 한다.[3] 이러한 측면에서, 김영삼 정부하에서는 사회복지제도가 발전할 수 있는 정치·사회적 조건이 어느 정도 형성되어 있었다고 볼 수 있다. 앞서 언급한 바와 같이 한국 사회에서 민주주의는 노태우 정부가 등장하면서 시작했지만, 노태우 정부는 상당 부분 이전 군사정권들과 연속선상에 있었기 때문에 민주주의가 실질적으로 정착되는 데에는 한계가 있었다. 반면, 문민정부는 이전의 군사정부들과의 차별화를 강조하며 민주주의 정착에 강한 의지를 가지고 있었으며, 일반 국민과 노동계급의 요구가 국가정책에 반영될 수 있는 정치적·행정적 체계를 어느 정도 갖추고 있었다. 또한 이러한 변화와 함께 사회복지 혜택의 제공이 국가의 시혜가 아니라 국민이 누려야 하는 사회적 권리라는

3. 민주화와 복지국가 사이의 '선택적 친화성'에 대해서는 김태성 · 성경륭(2000: 415-419) 참고.

점이 폭넓게 인식되기 시작하였다.

그러나 이러한 정치적·사회적 조건에도 불구하고 사회복지정책은 김영삼 정부 초기 국정과제의 대상이 되지 못했다. 그 이유는 새 정부의 주도 세력들이 당시의 경제상황을 과도하게 위기상황으로 인식하여 경제활성화와 국가경쟁력 강화를 핵심적 정책과제로 채택했기 때문이다(김태성·성경륭, 2000: 424). 즉 주요 정책결정자들이 노동자들의 임금상승, 근로의욕 감퇴 등이 경제위기를 불러오고 있다고 인식하고 있는 상황에서 사회복지정책은 정책의제로 설정되기조차 어려웠다.

집권 중반기에는 이러한 정책 기조에 변화가 나타나기도 했다. 1995년 3월 코펜하겐 사회개발정상회의 참가를 분기점으로 하여 복지개혁에 강한 관심을 기울이기 시작한 김영삼 대통령은 1995년 3월 23일 '삶의 질의 세계화를 위한 대통령의 복지구상'이라는 문건을 발표하여 복지개혁의 방향과 기본원칙을 제시하고, 이 구상을 구체화하기 위해 5월 8일에는 '국민복지기획단'을 구성하였다(김태성·성경륭, 2000: 425).

1995년 보건복지백서에서는 삶의 질의 세계화를 '다가오는 21세기 세계화시대에서 국민의 삶의 질을 좌우하는 요소들, 즉 고용, 의료보장, 소득보장, 쾌적한 환경, 각종 안전사고로부터의 예방 등 다양한 복지 욕구의 충족을 통해 모든 국민들이 안심하고 살 수 있는 환경을 조성함으로써 우리나라 경제발전 수준에 걸맞은 복지수준을 갖추게 되는 것'이라고 밝히고 있다. 그리고 이러한 삶의 질의 세계화가 사회적 통합을 이루게 하여 국민적 일체감을 형성하고 유지하는 데 도움을 줄 뿐만 아니라, 국가 이미지 제고와 국민들의 근로욕구 증진을 통해 국가경쟁력 강화를 가져올 것이라고 설명하고 있다.

이러한 삶의 질의 세계화를 달성하기 위해 김영삼 정부에서 추진한 것이 한국의 역사와 전통, 국민들의 정서, 그리고 사회·경제적 조건에 걸맞은 '한국형 복지사회 모형'을 건설하는 것이었는데, '세계화추진위원회'에서는 '한국형 복지사회 모형'을 건설하기 위한 전략으로 다음의 다섯 가지 원칙을 채택하였다(세계화추진위원회, 1995: 158-160; 신동면, 2001: 94에서 재인용). 첫째, '최저수준보장의 원칙'으로, 국민최저수준 이하로 생활하는 취약계층의 기본적인 생활조건인 소득, 의료, 교육, 주거 문제를 국가가 책임져야 한다. 둘째, '생산적 복지의 원칙'으로, 우리가 지향하는 복지는 사후적 복지가 아니라 예방적 복지이며, 소비적 복지가 아니라 생산적 복지여야 한다. 셋째, '공동체적 복지의 원칙'으로, 가족-이웃-지역-국가로 이어지는 연대의식의 기반 위에 복지공동체를 이룩해야 한다. 넷째, '정보화와 효율화의 원칙'으로, 복지제도의 운영방식을 정보화하고 효율적으로 운영해야 한다. 다섯째, '안전중시의 원칙'으로, 생활의 안정과 안전을 중시한다.

이전 정부들이 명확한 목표 없이, 혹은 경제개발계획의 하위 항목으로 사회복지제도의 도입을 추진한 것과 비교해 봤을 때, 김영삼 정부가 위와 같이 사회복지정책을 위한 별도의 방향과 목표를 설정한 것은 진일보한 점으로 평가할 수 있다. 또한 국민복지기획단에서는 최저생계비 완전보장, 4대 사회보험의 단계적 대상 확대, 민간부문의 복지참여 확대, 복지재정 확충 등에 관해 구체적인 정책 제안을 제시하기도 했다(김태성·성경륭, 2000). 그러나 이러한 계획이 모두 제도의 시행으로 이어진 것은 아니었다. 또한 삶의 질의 세계화가 궁극적으로 추구하는 것이 국가 이미지 제고와 국가경쟁력 강화였고, 공동체적 복지의 원칙이라는 미명하에 가족과 지역사회에 의한 복지제공을 여전히 우선시하고 있었다는 점 등에 비추어 볼 때, 김영삼 정부가 국가에 의한 적극적인 사회복지정책을 추진했다고 보기는 어렵다.

이제 삶의 질의 세계화와 한국형 복지사회 모델의 건설이라는 목표가 실제 제도에서 어떻게 나타났는지 살펴보자. 먼저, 공공부조 영역에서는 생활보호대상자의 선정기준이나 지급수준에서 점진적인 변화가 있었을 뿐 큰 변화는 없었다. 몇 가지 변화 중 하나는 자활지원센터를 시범적으로 설치한 것인데, 1996년 6월부터 저소득층 밀집지역에 5개소를 설치하여 시범사업을 실시하였고 1997년에도 사업을 이어갔다. 이전에도 생활보호법상 자활보호대상자에게 개별적으로 직업훈련이나 생업자금 융자 등의 지원이 이루어졌었지만, 자활지원센터는 생활보호대상자를 포함한 전반적인 저소득층이 자립할 수 있도록 해당 지역에서 상시적으로 공동작업, 취업알선 등의 지원을 제공하여 보다 실질적인 자활 조성을 목표로 하고 있었다. 또한 1996년부터는 생활보호대상자 자녀의 학비를 지원해 주는 교육보호의 대상이 기존의 중학교, 실업계 고등학교 재학 자녀에서 인문계 고등학교 재학 자녀(1996년에는 상위 30%, 1997년에는 전체로 확대)에게까지 확대되었다. 1997년 8월 노인복지법 개정(1998. 7 시행)으로 노령수당이 노령연금으로 바뀌고 지급대상도 기존의 70세 이상 생활보호대상 노인에서 65세 이상 생활보호대상 노인과 차상위 저소득층 노인으로 확대된 것도 주목할 만한 변화다.[4]

사회보험 영역에서는 1995년 7월 농어민연금과 고용보험제도의 실시를 중심으로 몇 가지 변화가 있었다. 1995년 1월 개정된 국민연금법은 1995년 7월 1일부터 도시지역 거주 농어민 및 농어촌지역 거주자에 대해 연금 적용을 확대 실시하는 내용을 담고 있었는데, 이는 우루과이라운드가 타결되고 무역 자유화로 값싼 외국 농수산물이 들어와 어려움을 겪을 것으로 예상되는 농어민과 농어촌지역 주민들의 생활을 안정시키려는 목표를 가지고 있었다(김진무·권문일·김성숙·이용하·한성윤, 1997: 8). 농어민연금의 당연적용 대상은 18세 이상 60세 미만인 자로서 소득이 있는 사람이고, 보험료율은 9%로 하되 시행 초기 3%에서 5년마다 3%씩 상향조정하기로 하였다. 이로써 국민연금의 가입자는 사업장가입자(5인 이상 사업장), 지역가입자(농어민), 그리고 임의가입

4. 경로연금제도는 1998년 7월 1일 현재 65세 이상인 노인만을 대상으로 함으로써, 국민연금제도의 성숙에 따라 점차 소멸되도록 설계되었다.

자 및 임의계속가입자로 구분되었다.

고용보험제도는 1993년 12월에 고용보험법이 제정되어 1995년 7월 1일부터 시행되었는데, 이는 1993년 4월 1일 노총과 경총이 중앙노사 합의서에서 고용보험제도의 조기실시를 대정부 건의사항을 채택하고, 이에 따라 정부가 신경제 5개년계획의 중점 추진과제의 하나로 고용보험제도의 실시를 결정하면서 이루어진 것이었다. 최초의 고용보험제도는 30인 이상 사업장을 강제 가입 대상으로 하였다(고용안정사업과 직업능력개발사업은 70인 이상). 의료보험제도의 경우 김영삼 정부 기간에는 큰 변화가 없었지만, 1994년 1월 '의료보장개혁위원회'가 구성되어 약 6개월 동안 활동하였고, 1996년 11월에는 국무총리 직속자문기구로 '의료개혁위원회'가 설치되어 의료보장 내실화와 의료보험 관리운영체계 효율화 방안을 논의하기 시작하는 등 의료보험제도 개혁 논의는 계속되었다.

사회복지서비스 영역에서도 큰 변화는 없었지만, 일부 사업 내용이 구체화되었고 정부지원시설이 증가하는 등의 변화는 있었다. 노인복지 분야에서는 1993년 노인복지법 개정으로 재가노인복지사업(가정봉사원파견사업, 주간보호사업, 단기보호사업)에 대한 규정이 신설되었고, 유료노인복지사업의 실시 근거가 마련되었다(백화종 외, 2003: 80). 또한, 노인공동작업장(1986년부터 시작)이나 노인취업알선센터,[5] 양로 및 요양 시설도 증가하였다. 장애인복지 분야에서는 1995년 12월에는 정신보건법(1996. 12 시행), 1997년 4월에는 '장애인·노인·임산부 등의 편의증진보장에 관한 법률'(1998. 4 시행)이 제정되었으며, 1996년부터 정부가 지원하는 주간보호 및 단기보호시설이 설치되고 1997년부터 정부가 지원하는 장애인공동생활가정이 설치되기 시작하면서 장애인 이용시설이 정부의 지원하에 확대되었다. 또한 사회복지전달체계 개

5. 1981년부터 운영되던 노인인력은행이 1997년 노인취업알선센터로 개편되었다.

편과 관련하여 1995년부터 2년간 보건복지사무소 설치를 위한 시범사업이 5개의 시·군·구에서 시행되었고, 1997년 3월에는 사회복지공동모금법(1998. 7. 시행)이 제정되어 정부에서 주관하던 이웃돕기모금사업을 사회복지공동모금회로 이관할 것을 규정하였다.

한편, 1994년 12월 정부조직 개편으로 보건사회부가 보건복지부로 개편되고, 1995년 12월 '사회보장에관한법률'이 폐지되고 '사회보장기본법'이 제정되어 사회보장제도의 기본 골격에 대한 법적 토대가 형성되었다는 점도 이 시기의 중요한 변화 중 하나다. 사회보장기본법은 사회보장을 '질병·장애·노령·실업·사망 등의 사회적 위험으로부터 모든 국민을 보호하고 빈곤을 해소하며 국민생활의 질을 향상시키기 위해 제공되는 사회보험·공공부조·사회복지서비스 및 관련 복지제도'라고 정의함으로써 국가에 의한 사회보장제도의 내용을 명확히 하고, 사회보장에 관한 제반 사항들의 법적 근거를 마련했다는 점에서 의의가 있다. 기존의 사회보장에관한법률은 사회보장심의위원회 구성에 관한 내용만 일부 담고 있었을 뿐 시행령도 갖추지 못한 불완전한 법률이었다.

3) 제도 변화의 성격

문민정부를 기치로 내건 김영삼 정부는 정치적으로 매우 복잡한 성격을 지닌 정권이었다. 대통령의 민주화운동 경력에도 불구하고 3당 합당에 의해 지속된 권위주의가 근절되지 못한 측면이 농후하였다. 하지만 김영삼 정부는 집권 초기부터 '신한국 창조'를 국정지표로 삼아 공무원의 재산공개, 군의 정치개입 차단, 금융실명제 도입 등 여러 가지 민주 개혁조치들을 실천하였다.

사회복지를 권리로 요구하는 국민의식의 신장과 이것이 의제로 부상할 수 있는 민주화의 진전이라는 좋은 상황에도 불구하고 김영삼 정부하에서의 경제성장 우선과 자유시장경제에 대한 과도한 신념은 복지국가 제도의 일대 전환으로 이어지지는 못하였다. 일례로, 국민연금 확대, 고용보험 도입, 사회복지사무소 신설 등의 굵직굵직한 복지개혁안이 포함된 제7차 경제사회발전 5개년계획을 사문화하고 '신경제 5개년계획'을 추진하기 시작한다. 새로 대체된 계획의 내용은 주로 국가의 경제개입 축소와 시장기능의 강화, 국제화를 지향하는 탈규제적 노선을 기반으로 하고 있었다. 초기에는 이러한 정책노선이 일견 성공한 것으로 보이기도 했으나 집권 후반기에는 외환관리의 실패 등으로 인해 사상초유의 국가경제적 위기를 맞아 IMF에 구제금융을 신청하는 초라한 신세로 전락하고 만다.

김영삼 정부하에서는 주요 정책결정자들이 노동임금 상승과 근로의욕 감퇴 등이 경제위기를 불러오고 있다는 식의 인식에 사로잡혀 있었고 복지국가제도의 개혁은 제대로 된 정책 의제로 부상하기조차 힘든 상황이었다. 집권 중반 이후 '삶의 질', '한국형 복지사회 모형'과 같은 복지국가 정책 비전에 관한 담론이 사상 최초로 대통령에 의해 시도되기도 하였고, 사회보장기본법 제정 같은 사회보장제도의 기본 골격에 대한 법적 토대를 형성하는 등 진일보한 복지국가 제도화가 목도되기도 한다.

상당히 복잡한 정치적 성격에도 불구하고 민주화의 진전이 어느 정도 이루어졌고 한편으로는 복지국가의 방향성을 새로이 설정하는 등의 개혁이 추진되기도 했지만, 김영삼 정부의 기본적인 인식은 자유주의 시장경제의 활성화를 우선시하는 것으로 요약된다. 기존의 사회보험제도를 착근시키는 등 보수주의적 제도화가 강화되는 시기이기도 하지만 질적으로 새로운 복지국가로의 전환 시도는 목도되지 않는 시기라 평가할 수 있다.

Ⅳ. 민주주의 시대, 한국 복지국가의 도약

1. 김대중 정부의 사회복지제도

1) 정치·경제적 배경

1997년 12월 외환위기로 국가 전체가 충격과 혼란에 휩싸여 있는 상황에서 새정치국민회의의 김대중 후보가 신한국당의 이회창 후보를 약 39만 표 차이로 누르고 대통령에 당선되었다. 이후 2002년까지 계속된 국민의 정부, 즉 김대중 정부가 탄생할 수 있었던 데에는 여러 가지 요인들이 있겠지만, 직접적인 요인은 자민련 김종필 후보와의 야권 후보 단일화와 외환위기에 대한 여당(신한국당)의 책임론이라고 볼 수 있다. 이러한 과정은 '경제위기하에서 연정을 통해 이루어진 여야 간 최초의 정권교체'로 요약할 수 있는데, 이는 김대중 정부 기간이 경제위기의 극복과 정치적 안정, 그리고 경제·사회 정책의 새로운 방향 모색을 위한 시도들로 채워지게 될 것임을 의미하였다.

1997년 하반기의 외환위기는 1998년 마이너스 경제성장률(-6.9%)과 실업률의 급증(2%대에서 7%로 증가)으로 이어졌다. 부도기업의 수

〈표 7〉 1995~2002년의 경제성장률과 실업률 변화 (단위: %)

구분	1995	1996	1997	1998	1999	2000	2001	2002
1인당 실질 GDP (2000년 기준) 성장률	9.2	7.0	4.7	-6.9	9.5	8.5	3.8	7.0
실업률	2.1	2.0	2.6	7.0	6.3	4.4	4.0	3.3

도 1997년 하반기 월 1,000개 내외에서 외환위기 직후인 1997년 12월에는 3,197개, 1998년 2월에는 3,377개로 증가하였다. 김대중 정부는 IMF에서 요구한 신자유주의적 개혁안들(재정 및 금융긴축과 고금리정책, 금융부문 구조조정, 금융자본시장 완전개방, 재벌개혁, 무역화, 노동시장 유연화 등)을 대부분 충실히 이행하면서(김영화·김지숙, 2006: 163), 비교적 단기간에 이러한 위기 상황을 해소했다.

〈표 7〉에서 알 수 있듯이 경제성장률은 1999년 9.5%와 2000년 8.5%로 급반등한 후 안정적인 추세로 돌아섰으며, 실업률도 2000년 이후 3~4%대로 낮아졌다. 1997년 말 89억 달러에 불과하던 가용 외한보유고도 1998년 말에 648억 달러, 1999년 말에는 723억 달러로 증가하였다(김태성·성경륭, 2000: 447). 그 결과, 2000년 8월 IMF와의 정책협의회를 끝으로 자율적인 경제정책을 시행하기 시작하였고, 2001년 8월에는 구제금융 상환을 모두 마무리 지었다(송백석, 2005: 161). 김대중 정부의 경제위기 극복 과정에서 신자유주의적인 경제질서가 강화된 것에 대한 비판이 존재하긴 하지만, 단기간에 국가 초유의 경제위기 사태를 진정시켰다는 점 자체는 김대중 정부의 성과이기도 하다.

집권 전반기에 정치적으로 비교적 안정된 상태에서 개혁정책을 추진해 갔던 김대중 정부는 2000년 4월 총선에서 새천년민주당[1]이 과반

1. 새정치국민회의는 2000년 1월 20일 창당된 새천년민주당과 통합되어 자동 소멸되었다.

수 의석 확보에 실패하면서 정치적 불안 상태에 접어들게 된다. 새정치국민회의와 자민련의 연립정부의 성격을 가졌던 김대중 정부는 집권 초기부터 정치적 불안을 내장하고 있었다. 새정치국민회의와 자민련이 내각제 개헌을 매개로 연립정부를 구성했으나, 지지기반과 정치적 노선에서 상당히 큰 이질성을 가지고 있었고, 연립정부의 핵심 축인 새정치국민회의는 의석수 분포에서 원내 제2당에 불과한 소수정부였기 때문이다(김태성·성경륭, 2000).

IMF와 체결한 기본협정을 이행하고 경제위기 극복을 위한 개혁을 추진하는 것은 김대중 정부에게 위기이고 과제였지만, 동시에 정치적 안정성을 높이고 경제·사회적 개혁정책의 추진력을 증대시킨 요인이기도 했다. 그러나 집권 후반기에 이러한 위기 상황이 어느 정도 해소되고, 2001년 8월 평양의 광복절 기념행사에 참석한 방북단 일원의 김일성 참배를 계기로 한나라당과 자민련의 공조하에 임동원 통일부장관이 국회에서 불신임되면서 'DJP연합'으로 불리기도 했던 연립정부가 붕괴된 것이다. 2001년 9월 연정붕괴 후 치러진 보궐선거에서 민주당이 완패한 후 당내 파벌싸움까지 발생하면서 김대중 정부의 정치적 불안 상태는 후반기 내내 지속되었다(송백석, 2005).

2) 사회복지제도의 변화

김대중 정부 기간 동안 사회복지제도는 양적으로 크게 확대되었다. 이 시기에 한국의 사회복지체제가 질적으로 변화했는지에 대해서는 이견이 있지만, 공공부조, 사회보험, 사회복지서비스를 포함한 사회복지제도의 전 영역에서의 변화를 통해 한국의 사회복지체계가 사회안전망으로서의 기본틀을 갖추게 되었다는 데에는 대부분의 학자들이 공감하고 있다. 경제위기 극복을 위해 강한 경제정책을 수행하면서도 이전 정권들과 달리 사회복지제도가 확대될 수 있었던 것은 아래의 몇 가지 요인

〈표 8〉 외환위기 전후 도시근로자가구의 절대빈곤율과 지니계수, 비정규직의 추이

구분		1996	1997	1998	1999	2000	2001	2002	2003	2004
도 시 근로자 가 구	절대빈곤율[1)]	4.4%	3.6%	8.2%	7.4%	5.4%	4.6%	3.5%	-	-
	지니계수	-	0.283	0.316	0.320	0.317	0.319	0.312	0.306	0.310
비정규직 비중[2)]		-	45.9%	47.4%	51.7%	52.4%	51.3%	52.0%	49.1%	49.3%

주: 1) 절대빈곤율은 2000년 이외 연도의 모든 소득은 2000년 기준 가격으로 환산한 후 2000년 최저생계비를 기준으로 추정함.
2) 비정규직은 (임시근로자 + 일용근로자)/(상시근로자 + 일용근로자)임.

자료: 절대빈곤율은 구인회(2006), 지니계수와 비정규직은 통계청(2006) 참조(김영화·김지숙, 2006에서 재인용).

으로 설명할 수 있다.

우선, 빈곤, 실업인구 및 노숙자의 증가, 이혼이나 자살 등으로 인한 가족해체 확산 같은 문제를 해결하기 위해서는 사회복지제도의 확충이 필수적이었다는 점을 들 수 있다. 앞에서 집권 초기 김대중 정부에게 주어진 가장 중요한 과제를 경제위기라고 했는데, 보다 정확히는 '총체적인 경제·사회적 위기'였다. 이러한 총체적 위기는 몇 가지 지표 변화를 통해 확인할 수 있는데, 〈표 8〉을 보면 산업화 이후 지속적으로 감소하여 1997년에 3.6%로 떨어진 도시근로자가구의 절대빈곤율이 1998년에는 8.2%로 급증했음을 알 수 있다. 또한 지니계수로 측정되는 소득불평등도와 전체 근로자에서 비정규직이 차지하는 비율도 역시 외환위기 이후 크게 증가했음을 알 수 있다. 이에 더해 〈표 7〉에서 나타나듯이 실업률도 급증했으며, 이혼율과 자살률도 1995년에 비해 1998년에 각각 34%, 38% 증가하였다(김영화·김지숙, 2006: 163). 외환위기가 이와 같은 총체적인 경제·사회적 위기로 확대된 상황에서 단순한 경제정책만으로는 문제를 해결할 수 없었을 것이다.

집권 전반기에 비교적 안정적인 정치 상황에서 정부가 상당한 정도의 자율성을 가지고 정책을 추진할 수 있었다는 점도 사회복지제도의

확대를 가져온 요인으로 볼 수 있다. 김대중 정부는 보수정치세력과 기업가들 입장에서는 친복지적이고 개혁적인 정부였지만, 진보단체들과 노동자들 입장에서는 신자유주의 경제정책을 추진하는 친기업적 정부였다. 이러한 정부 성격으로 인해 김대중 정부의 정책은 양쪽에서 공격을 받을 수도 있었지만, 총체적인 경제·사회적 위기라는 현실은 양쪽 모두 정부 정책에 순응하도록 하는 데에 기여했다.

김대중 정부에서 대대적인 사회복지제도 확대가 가능했던 또 다른 요인은 노동조직과 시민사회가 사회복지제도 확대를 위해 조직적으로 노력하고, 정부가 노사정위원회와 같은 기구를 통해 이러한 조직적 활동을 제도적으로 수용했다는 점이다(김태성·성경륭, 2000: 449-451). 민주노총과 한국노총 등 노동단체는 김대중 정부 출범 이전부터 노사정위원회에 참여하여 사회보장제도의 확대를 노사정 합의의 중요한 과제로 요구하였고, 그 이후에도 지속적으로 자신들의 요구를 관철시키기 위해 노력했다. 또한 참여연대, 경실련과 같은 시민단체도 조직적으로 사회복지정책의 형성에 기여했는데, 대표적인 예가 참여연대와 경실련 등 30여 개 시민단체들이 발의를 하고 여기에 민주노총과 한국노총, 친복지적 성향의 정치인, 그리고 사회복지학계와 종교계가 가세하여 국민기초생활보장법 제정을 이끌어낸 것이다.

한편, 이러한 정치·경제·사회적 배경을 바탕으로 추진된 사회복지정책의 기본 방향은 '생산적 복지'로 설정되었다. 생산적 복지라는 개념은 김영삼 정부 시절 국민복지기획단에서 처음 제시된 것인데, 김대중 대통령이 1999년 8·15 경축사에서 향후의 복지개혁을 생산적 복지의 관점에서 추진하겠다고 발표한 후 김대중 정부의 사회복지정책 이념으로 자리를 잡았다.

이러한 생산적 복지 개념을 구체화하기 위해 설립된 '삶의 질 향상기획단'에서는 생산적 복지를 모든 국민이 인간적 존엄성과 자긍심을 유지할 수 있도록 기초적인 생활을 보장함과 동시에 자립적이고 주체적으로 경제·사회활동에 참여할 수 있는 기회를 확대하고 분배의 형평성을 제고함으로써 삶의 질을 향상시키고 사회발전을 추구하는 이념으로 규정하고 있다(대통령비서실 삶의 질 향상기획단, 2000). 그리고 생산적 복지를 실천하기 위한 구체적인 정책 과제로는 ① 국민기초생활보장제도와 4대 사회보험을 통한 국민기본생활의 보장, ② 일자리 창출과 인간개발을 통한 고용안정, ③ 제3섹터형 자활사업의 확대, ④ 지역사회중심의 민관협력 강화, ⑤ 노동참여복지의 증진과 산업민주주의의 실현, ⑥ 조세정의의 실현과 복지재정의 확충을 제시하고 있다.

생산적 복지의 구체적인 실체가 무엇인지, 어떤 정책이 생산적 복지 정책인지는 이견이 있지만, 확실한 것은 김대중 정부가 갑작스런 경제·사회적 위기로 인해 발생한 문제들을 사회복지정책의 확대로 해결하려고 했다는 것이고, 동시에 가능하면 개인이 시장에서 스스로 생활을 유지하는 것을 바람직한 것으로 보았다는 점이다. 물론 이러한 두 가지 방향이 바람직한 것인지, 혹은 이 두 가지가 과연 조화를 이룰 수 있는 것인지에 대해서는 역시 이견이 존재한다.

이제, 이와 같은 김대중 정부의 사회복지정책 방향이 실제로 어떠한 제도 변화로 이어졌는지 살펴보자. 경제 위기로 인해 급증한 저소득 실업자 문제를 해결하기 위해 김대중 정부는 초기에 생활보호제도 외에 다양한 공공부조사업을 시행하였다. 1998년 3월부터 실직자에게 1년간 의료보험 혜택을 부여하고, 4월부터 실직이나 소득감소로 생활이 어려워진 저소득층을 '한시적 생활보호대상자'로 선정하여 생활보호대상자에 준하는 생계비, 의료비, 자녀학비 등을 지원하였다. 또한 1998년부터 정부에서 인건비를 지원하는 특별취로사업을 시행하여 일반노동 시장에서는 일자리를 얻기 어려운 자활보호대상자 및 실직 등으로 생활수단을 상실했거나 저소득을 인하여 생계유지가 어려운 자들에게 생계유지의 수단을 제공하고, 같은 해 8월부터 전국적으로 공공근로사업을 시행하였다. 1999년부터는 생활보호대상자 중 자활보호대상자에게도 동절기에 일시적으로 생계비를 지원하는 제도를 시행하였다. 노숙자를 위한 쉼터나 상담소, 각종 자활 프로그램이 확대된 것도 이 시기다.

의료보호제도에서도 몇 가지 중요한 변화가 있었는데, 먼저 1998년에는 의료급여 진료지구가 폐지되어 전국 어디서나 진료를 받을 수 있게 되었고, 1999년에는 의료급여기관 지정절차가 폐지되었다. 또한 2001년 5월에는 의료보호법이 의료급여법으로 개정되어 기존에 시·군·구별로 지급하던 의료급여 진료비가 국민건강보험공단에서 지급되면서 의료기관이 건강보험 환자와 의료급여 환자를 차별할 여지를 줄였다.

김대중 정부하에서 이루어진 공공부조 영역, 더 넓게는 전체 사회복지제도 변화 중 가장 중요한 것으로 논의되는 것이 국민기초생활보장제도의 시행이다. 1999년 9월 법이 제정되고 2000년 7월 시행령이 제정되어 10월부터 시행된 국민기초생활보장제도는 기존의 생활보호제도를 대체함과 동시에 집권 초기의 여러 공공부조사업을 통합하면서, 이후 한국 공공부조제도의 중추적인 역할을 담당하게 되었다.

기존의 생활보호제도에 비해 가장 크게 변한 점은 생계급여 대상자의 기준이다. 생활보호제도는 소득과 재산이 기준 이하인 자(1999년 기준, 1인 가구일 경우 월 소득이 23만 원, 재산이 2,900만 원 이하인 가구) 중 부양의무자가 없거나, 부양의무자가 있더라도 부양능력이 없거나 부양받을 수 없는 18세 미만 아동, 65세 이상 노인과 같은 근로무능력자에 대해서만 생계급여를 지급했고, 근로능력이 있는 생활보호대상자, 즉 자활보호자에게는 생계급여를 지급하지 않았다. 그러나 국민기초생활보장제도는 이러한 인구학적 기준을 폐지하고 부양의무자가 없거나, 부양의무자가 있더라도 부양능력이 없거나 부양을 받을 수 없는 자로서 소득인정액이 최저생계비 이하인 자를 대상으로 함으로써 근로능력이 있는 자도 생계급여 대상자에 포함시켰다. 여기서 소득인정액은 소득평가액(실제소득 – 가구특성에 따른 지출요인 – 근로소득의 일정 비율)과 재산의 소득환산액을 합한 것인데, 소득인정액은 2003년부터 수급기준으로 활용되었고 그 이전까지는 '최저생계비를 감안하여 보건복지부장관이 개별 가구의 소득평가액과 재산을 기준으로 매년 정하는 수급권자 선정기준'으로 수급대상자를 선정했다(2000년 기준, 1인 가구인 경우 소득평가액이 32만 원 이하, 재산가액이 2,900만 원 이하이고 재산실물 기준을 충족한 가구, 4인 가구인 경우 소득평가액이 93만 원 이하, 재산가액이 3,200만 원 이하이고 재산실물 기준을 충족한 가구). 가구별 생계급여액은 최저생계비에서 현물로 지급되는 의료비, 교육비 및 타법 지원액을 차감한 금액인 현금급여기준액에서 가구의 소득인정액과 주거급여액을 차감한 금액이다. 〈표 9〉는 생활보호제도와 국민기초생활보장제도를 비교한 것이다.

국민기초생활보장제도가 갖는 또 하나의 중요한 특징은 근로능력이 있는 수급자(조건부 수급자)[2]에 대해서는 근로능력, 가구여건, 자활욕구 등을 고려하여 가구별로 자활지원계획을 수립, 적절한 자활지원사업을 제공하되, 정당한 사유 없이 자활지원사업 참가를 거부한 경우에는 일정 기간 동안 생계급여 제공을 중지함으로써 수급자의 근로의욕 저하를 방지하는 장치를 두었다는 점이다.[3] 자활지원사업은 조건부수급자를 비취업대상자와 취업대상자로 구분하고 있는데, 비취업대상자에 대해서는 보건복지부의 주관 아래 자활공동체사업와 자활근로사업을 시행하고, 취업대상자에 대해서는 노동부 주관하에 취업알선, 직업훈련 등의 사업을 시행한다. 2002년부터는 자활근로사업 중 간병도우

2. 조건부수급자는 중증장애인, 만성질환자 등 근로활동을 수행하기 어려운 자를 제외한 18세 이상 60세 이하의 근로능력 있는 수급자 중에서 개인 및 가구여건, 취업상태 등에 비추어 자활사업에 참가할 필요가 있다고 판단되는 자이다. 근로능력자라 하더라도 주 3일 이상 근로에 종사하여 소득활동을 하고 있는 현재 취업자나 미취학자녀 양육과 치매노인 간병 등 가정형편상 사업 참여가 곤란한 경우, 그리고 군제대자나 학교졸업자 등은 조건부수급자에서 제외된다(2000년 기준).

3. 소득평가액 계산 시에 근로소득의 일정 비율을 공제하는 것도 수급자의 근로의욕 저하를 막기 위한 하나의 장치다.

〈표 9〉 생활보호제도와 국민기초생활보장제도 비교

구분	생활보호제도	국민기초생활보장제도
법적 용어	• 국가에 의한 보호적 성격 – 보호대상자, 보호기관	• 저소득층의 권리적 성격 – 수급권자, 보장기관, 생계급여 등
대상자 선정기준	• 소득과 재산이 기준 이하인 자 ※ 1999년 – 소득 23만 원(인, 월) – 재산 2,900만 원(가구)	• 2002년까지 – 소득평가액과 재산이 기준 이하인 자 • 2003년부터 – 소득인정액(소득평가액+재산의 소득환산액)이 최저생계비 이하인 자
대상자 구분	• 인구학적 기준에 의한 대상자 구분 – 거택보호자 : 18세 미만 아동, 65세 이상 노인 등 근로무능력자 – 자활보호자 : 인구학적으로 경제활동 가능한 근로능력자	• 대상자 구분 폐지 – 근로능력이 있는 조건부생계급여 대상자는 구분 ※ 연령 외에 신체 · 정신적 능력과 부양, 간병, 양육 등 가구 여건 감안
급여 수준	• 생계보호 – 거택보호자에게만 지급 • 의료보호 – 거택보호: 의료비 전액 지원 – 자활보호: 의료비의 80% 지원 • 교육보호: 중·고생 자녀의 학비 전액 지원 • 장제보호, 해산보호 등	• 생계급여 – 모든 대상자에게 지급하되 근로능력자는 조건부 • 주거급여 신설 – 임대료, 유지수선비 등 주거안정을 위한 수급품 • 긴급급여 신설 – 긴급필요 시 우선 급여 실시 • 의료·교육· 해산· 장제보호 등 – 생활보호제도와 동일
자활지원 계획	〈신설〉	• 근로능력자 가구별 자활지원계획 수립 – 근로능력, 가구특성, 자활욕구 등을 토대로 자활 방향 제시 – 자활에 필요한 서비스를 체계적으로 제공

자료: 2000년 보건복지백서.

미, 집수리, 청소, 음식물 재활용, 폐자원 재활용을 5대 표준화 사업으로 선정하여 중점 추진하였다.

이러한 공공부조 영역에서의 변화와 함께, 사회보험 영역에서도 적용대상의 확대를 중심으로 큰 변화가 있었다. 먼저 국민연금제도의 변화를 살펴보면, 저부담·고급여 구조 및 인구노령화로 인한 연금재정의 장기적 불안정, 도시자영자에 대한 소득파악의 어려움, 기금운영에 대한 국민들의 불신 등의 문제에 대한 해결 방안을 모색하기 위해 1997년 6월 '국민연금제도개선기획단'이 구성되어 김대중 대통령 당선 이후인 1997년 12월 27일 정부에 건의안을 제출하였다. 이 개선 건의안은 급여수준의 급격한 하향 조정과 보험료율 인상을 주요 내용으로 하고 있었는데, 기금손실을 국민에게 전가한다는 비판에 부딪히면서, 가장 핵심적인 사항인 급여수준과 연금체계 구조와 관련된 부분은 받아들여지지 않은 채 정부안이 마련되어 1998년 12월 개정법이 통과되었다(〈표 10〉 참고). 한편, 2002년 3월에는 '국민연금발전위원회'가 설치되어 국민연금의 장기재정추계 및 재정안정화 방안, 연금제도 사각지대 해소 등의 제도내실화 방안, 급여구조 개선 등 급여합리화 방안을 모색하였다.

의료보험제도는 1997년 12월 제정된 국민의료보험법을 근거로 1998년 10월 227개 지역의료보험조합과 공무원·교직원의료보험관리공단이 통합되어 국민의료보험관리공단이 설립된 이후 통합 의료보험을 향한 변화가 계속되었다. 당시 227개 지역의료보험조합은 하나의 재정으로 통합되었지만, 공무원·교직원의료보험 재정까지 통합되지는 못했다. 이어서 1999년 2월에 제정된 국민건강보험법이 몇 차례의 개정을 거쳐 2000년 7월 시행되면서, 139개 직장의료보험이 하나의 재정으로 통합됨과 동시에 국민의료보험공단과 139개 직장의료보험이 단일 보험자인 국민건강보험공단으로 통합되었다. 또한 통합된 공단의 보험가입자가 직장가입자(5인 이상 사업장 근로자 및 사용자, 공무원 및 교직

〈표 10〉 1998년 12월 국민연금법 개정으로 변화된 제도내용

- 1999년 4월부터 도시지역 거주자도 국민연금제도의 가입 대상이 됨
- 평균소득자의 완전노령연금 소득대체율이 70% 수준에서 60% 수준으로 하향 조정
- 사업장가입자의 경우 종래 9%의 보험료를 가입자, 사용자, 퇴직전환금에서 각각 3%씩 부담하던 것을, 퇴직전환금을 폐지하고 가입자와 사용자가 각각 4.5%씩 부담하는 것으로 전환되었고, 지역가입자(농어촌가입자와 도시가입자)의 경우 기존의 3% 보험료가 2000년 7월부터 4%로 인상되고 이후 9%가 될 때까지 매년 1%씩 보험료가 상향 조정되는 것으로 규정
- 급여 수급 연령을 2013년부터 5년 단위로 1세씩 증가시켜 2033년에는 65세로 함
- 조기노령연금의 가입기간이 20년에서 10년으로 축소
- 여성의 연금 수급권을 확보하기 위해 이혼 배우자의 노령연금 분할 수급권 도입
- 5년마다 국민연금의 재정수지를 계산하여 그 결과를 제도개선에 반영하도록 하는 재정계산제도 도입

원 등의 임금소득자)와 지역가입자(자영자, 4인 이하 사업장 근로자 등)로 구분되었다. 이로써 국민건강보험제도는 직장가입자가 지역가입자를 가입자로 둔 국민건강보험공단이 통합된 관리·운영을 하고 재정은 근로자인 직장가입자, 공무원 및 교직원인 직장가입자, 그리고 지역가입자의 재정으로 나누어진 형태가 되었다. 이후 재정통합도 단계적으로 이루어져 2001년 1월부터는 두 직장가입자의 재정이 통합되었고, 2003년 6월부터는 직장가입자와 지역가입자의 재정이 통합되어 건강보험의 완전한 통합이 이루어지게 되었다. 한편, 2000년 12월부터는 지역가입자에 속해 있던 5인 미만 사업장 근로자와 1개월 이상 일용근로자의 보험료 부담을 완화하기 위해 이들을 직장가입자로 단계적으로

편입시키기 시작했다.

이 시기에는 의료보험재정 안정화를 위한 제도 변화도 계속되었다. 1996년부터 당해 연도 보험재정 적자가 발생하면서 의료보험재정 안정화가 중요한 문제가 되었는데, 이에 김대중 정부는 2001년 5월 '건강보험재정안정 및 의약분업[4] 정착 종합대책'을 수립하고, 2002년 1월에는 '국민건강보험재정건전화특별법'을 제정하였다. 이 법은 건강보험조정심의위원회와 재정운영위원회의 보험료 조정 기능을 통합하여 건강보험정책심의위원회를 구성하도록 규정하고, 보험료율을 이 위원회의 심의·의결을 거쳐 시행령에서 정하도록 했다. 또한 지역의료보험 재정의 40%는 국고에서, 10%는 국민건강증진기금에서 지원하도록 규정하였다.

한편, 1995년 7월 30인 이상 사업장(실업급여: 30인 이상, 고용안정사업과 직업능력개발사업: 70인 이상)을 대상으로 출발한 고용보험제도는 1998년 1월에 10인 이상 사업장으로, 같은 해 3월에 5인 이상 사업장(고용안정사업과 직업능력개발사업은 7월에 5인 이상으로 확대됨)으로 적용범위가 확대되었고, 10월에는 일용직 근로자를 제외한 전체 사업장으로 확대되는 등 제도가 빠른 속도로 확대되었다. 산업재해보상보험제도는 1999년 법 개정을 통해 재해근로자의 재활 및 사회복귀 촉진을 명시하여 재해근로자의 사전·사후관리 기능을 강화했고(노대명 외, 2006), 법 제정 이후 꾸준히 확대되어 온 적용범위는 2000년 7월 1일부터는 상시근로자 1인 이상 사업장으로까지 확대되었다.[5]

---

4. 의약분업은 2000년 8월 시행되었다.

5. 적용범위의 확대과정을 구체적으로 살펴보면, 1965년 전기가스업과 운수보관업, 1969년에는 건설업, 서비스업, 수도위생시설, 통신업, 1982년에는 임업 중 벌목업, 1983년에는 농수산물 위탁판매업을 추가하였다. 1989년에는 "근로기준법의 적용을 받는 사업"에서 "모든 사업장이 반드시 가입"하도록 법을 개정하였으며, 1991년에는 농업, 임업, 어업, 수렵업, 도소매업, 부동산 및 사업서비스업, 개인 및 가사서비스업까지 대상을 확대하였다. 1996년에는 교육서비스업, 보건 및 사회복지사업, 연구 및 개발사업, 1998년 7월에는 금융 및 보험업, 2000년 7월에는 기타 공공·사회 및 개인서비스업 중 회원단체까지 확대했으며, 2001년부터는 국가 및 지방자치단체에서 직접 행하는 사업까지 확대되었다(백화종 외, 2003: 72-73).

〈표 11〉 김대중 정부 시기의 사회복지서비스 관련 제도 변화

영역	연도	관련 제도 변화
아동·가족	1997	• 12월 : **영유아보육법** 개정으로 초등학교 취학 직전 1년의 유아에 대한 무상보육 근거 규정 마련(단계적 확대)
	1998	• 7월 : **가정폭력방지법** 제정
	1999	• 9월 : 농어촌지역의 저소득층 만 5세아에 대한 무상보육 실시
	2000	• 요보호아동을 보호하고 있는 위탁가정에 양육보조금(아동 1인당 6만 5천 원) 지급 • 1월 : **아동복지법** 개정 - 학대아동에 대한 보호 및 아동안전에 대한 제도적 지원을 공고히 하기 위함 • 10월 : 전국 16개 시·도에 17개의 **아동학대예방센터** 설치
	2001	• 10월 : **중앙아동학대예방센터** 설치
	2002	• 12월 : 모자복지법이 **모부자복지법**으르 개정
노인	1999	• '21세기 고령사회를 대비한 노인보건복지 중장기 발전계획' 발표 • 하반기부터 국가가 **경로식당 지원**(2000년 4월부터 경로식당 이용이 곤란한 저소득노인에게 무료식사배달사업 실시)
	2001	• 국무조정실 산하에 **노인보건복지 대책위원회** 구성 • 7월 : 노인들에게 소득창출과 사회봉사활동 등 기회를 체계적으로 제공하기 위한 **지역사회시니어클럽 시범사업** 실시
장애인	1997	• 12월 : 장애인복지발전 5개년계획 수립
	1999	• **장애인복지법** 개정(2000. 1 시행) - 장애범주에 신장·심장·정신·발달(자폐증)장애 추가 - 장애인 생산품 우선구매 실시
	2000	• 1월 : **편의시설 확충 국가종합 5개년계획**(2000~2004) 수립, 장애인고용촉진등에관한법률이 **장애인고용촉진및직업재활법**으로 개정
	2002	• 저소득 장애인들에게 지급되는 장애수당 외에 1급 장애아동의 보호자에게 **장애아동 부양수당**(1인당 4만 5천 원) 지급

사회복지서비스 영역에서는 공공부조와 사회보험 영역에 비해서 상대적으로 변화가 적었다. 〈표 11〉은 김대중 정부 시기의 사회복지서비스 관련 제도 변화를 정리한 것이다.

3) 제도 변화의 성격

태생적 한계로 인해 민주주의의 완성을 기하지 못한 김영삼 정부는 집권 후반기의 각종 실책으로 이어졌고 급기야 IMF에 구제금융을 신청하는 신세로 전락하고 만다. 이 과정에서 정권교체에 대한 국민적 열망이 증대되었고, 비록 자민련과의 연합을 통해서이지만 사상 처음으로 여야 간 수평적 정권교체가 이루어졌다. 오랜 민주화의 과정이 형식적인 수준에서 마무리되고 바야흐로 본격적인 민주주의의 시대가 시작된 것이다.

지난 정부가 초래한 경제위기의 극복이 김대중 정부의 최대 국정현안이었고, 대통령 자신의 진보적 성격에도 불구하고 IMF가 구제금융의 조건으로 내건 각종 신자유주의적 처방책을 착실히 수행하는 데 매진하기 시작한다. 완전개방, 무역화, 노동시장 유연화 등의 신자유주의적 경제정책을 통해 비교적 단기간에 구제금융 상환을 마무리 짓게 되지만, 신자유주의적인 경제질서를 강화함으로써 본격적인 복지국가의 제도적 전환을 시도하지 못하고 만다.

물론 김대중 정부 기간 동안 사회복지제도는 양적으로 크게 확대된다. 노동조직과 시민사회가 사회복지제도 확대를 위해 조직적으로 노력하고 정부도 노사정위원회와 같은 기구를 통해 서구 사민주의의 조합주의적인 의사결정 시스템으로 기존에 배제되었던 사회세력을 감싸안기도 하는 등 복지국가 제도개혁의 호조건이 마련되기도 했다.

하지만, 김대중 정부의 복지개혁 조치는 자활을 강조하는 '생산적 복지'라는 슬로건에서도 묻어나듯이 IMF 구제금융시대의 신자유주의적 노선에 경도될 수밖에 없었다. 실업과 그에 따른 빈곤 문제의 해결을 위해 시도된 가장 대표적인 제도개혁의 사례가 공공부조인 것도 이러한 평가를 가능케 한다. 기존의 생활보호제도를 대체하는 새로운 국민기초생활보장제도를 실시한 것도 결국은 자유주의의 선별주의적 성격을 더한 것으로 해석될 수 있는 부분이기 때문이다. 건강보험을 통합하는 등 일부 보수주의의 제도적 단점을 보완·수정하는 노력에도 불구하고 전체적인 복지제도화의 방향은 자유주의의 색채를 더하는 방향으로 추진된 것이 이 시기의 특징이라 할 것이다.

2. 노무현 정부의 사회복지제도

1) 정치·경제적 배경

2002년 12월 많은 사람들의 예상을 뒤엎고 노무현 후보가 대통령으로 당선되었다. 민주당 내 후보 경선에서 대선에 이르기까지 노무현 후보가 국민 다수의 지지를 얻을 수 있었던 데에는 여러 가지 요인이 있겠지만, 그 근저에는 새로운 인물이 정치·경제적 개혁을 성공적으로 수행할 수 있을 것이라는 국민적인 기대가 있었다고 볼 수 있다. 김대중 정부 후반기는 경제위기 상황을 넘기고 주요 거시경제지표가 안정세를 보임에도 불구하고(〈표 8〉 참고), 국민들이 체감하는 생활수준은 개선되지 못하고 정부 초기에 약속했던 개혁정책들이 실종되고 있는 상황이었다. 국민들은 노무현 정부가 김대중 정부의 정책 방향을 일정 부분 계승하면서도 국민들의 삶의 질을 향상시키고 민주주의 정치구조를 확립하는 실질적인 개혁을 통해 한국 사회의 정치·경제 체제를 한 단계 업그레이드하기를 희망했던 것이다.

실제로 제16대 대통령직인수위원회는 인수위백서의 발간사에서 참여정부의 목표를 '개혁과 통합'으로 요약하고 있으며(백종국, 2006), 3대 국정목표로 민주주의, 균형발전사회, 동북아 시대를 설정했다. 그리고 이러한 목표를 실현하기 위해 '외교·통일·국방 분야'에서는 ① 한반도 평화체계 구축, '정치·행정 분야'에서는 ② 부패 없는 사회, 봉사하는 행정, ③ 지방분권과 국가균형발전, ④ 참여와 통합의 정치개혁, '경제 분야'에서는 ⑤ 자유롭고 공정한 시장질서 확립, ⑥ 동북아 경제 중심국가 건설, ⑦ 과학기술 중심사회 구축, ⑧ 미래를 열어가는 농어촌, '사회·문화·여성 분야'에서는 ⑨ 참여복지와 삶의 질 향상, ⑩ 국민통합과 양성평등의 구현, ⑪ 교육개혁과 지식문화 강국 실현, ⑫ 사회통합적 노사관계 구축 등 12대 국정과제가 정해졌다.

노무현 정부가 추구했던 개혁정책의 방향이 바람직한 것인지, 그리고 실제로 정책이 성공 혹은 실패했는지에 대해서는 별도의 연구가 필요할 것이다. 그러나 분명한 것은 노무현 정부 전 기간에 걸쳐 개혁을 효과적으로 추진할 수 있는 정치적 여건이 형성되지 못했다는 점이다. 집권 초기, 노무현 대통령은 여소야대의 정국에서 야당과 보수세력의 일관되고 강력한 반대에도 불구하고 주요한 개혁 프로그램을 공세적으로 추진하였다(이동윤, 2005). 그러나 국민과의 소통 부재와 대통령의 직설적인 화법 등은 야당뿐만 아니라 국민들로부터도 비판을 받았다. 이러한 이유로 노무현 대통령의 집권 전반기 국정운영 방식의 특징은 통합과 타협이 아니라 개혁을 표방한 분열과 대립이었다는 평가도 있다(김만흠, 2006; 강문구, 2007에서 재인용).

이후 2004년 4월 총선에서 여당인 열린우리당이 다수 의석을 차지하면서 안정적인 정책 수행을 위한 정치적 기반이 형성될 것으로 예상되었지만, 실제로는 그렇지 못했다. 이는 노무현 정부가 집권 초기 비판적 지지를 보였던 개혁적 혹은 진보적 세력뿐만 아니라, 여당 내에서조차 지지기반을 만드는 데 실패했기 때문이다. 최장집(2006; 백종국, 2006: 77에서 재인용)은 이러한 현상에 대해 노무현 정부는 '하나의 민주주의 정치 세력으로 스스로를 형성하는 데 실패했다'고 비판한다. 결

〈표 12〉 노무현 정부 시기의 주요 거시경제지표

거시경제지표	2003	2004	2005	2006	2007
실질경제성장률(%)	3.1	4.7	4.2	5.1	5.0
물가상승률(%)	3.5	3.6	2.8	2.2	2.5
1인당명목국민소득(달러)	12,717	14,206	16,413	18,401	20,045
실업률(%)	3.6	3.7	3.7	3.5	-

자료: 실질경제성장률·물가상승률·1인당명목국민소득은 한국은행, 실업률은 OECD 참조.

국 노무현 정부는 집권 후반기로 갈수록 국민들의 지지도가 급격히 떨어지면서 야당인 한나라당에게 정권을 넘겨주고 말았다.

이처럼 정치적으로는 상당히 불안한 시기였지만, 주요 거시경제지표들은 비교적 양호한 성과를 보였다. 연평균 4.4%의 경제성장률은 과거 정부에 비해서는 다소 낮은 수치이지만, 경제발전 단계의 진전에 따른 성장세 둔화는 대부분 국가들의 공통된 현상이고, 2000년대에 주요 선진국들의 경제성장률이 1~3% 수준이라는 점을 감안하면(미국 2.4%, 독일 0.9%, 프랑스 2.0%, 일본 1.4%), 결코 낮은 수준은 아니다(조세연구원, 2007). 또한 〈표 12〉에서 알 수 있듯이, 물가도 비교적 안정적이었고, 실업률도 2003~2006년의 OECD 전체 평균인 6.7%보다 낮은 수준이다. 2007년에는 국민소득이 2만 달러에 이르기도 하였다.

그러나 이러한 거시경제적 성과에도 불구하고, 소득분배구조는 크게 개선되지 않았다. 〈표 13〉을 보면, 외환위기 이후 악화된 소득불평등도가 개선되지 않고 있음을 알 수 있다.[6] 또한 개인소득 증가율은 1980년대 10.6%, 1990년대 중반까지 7.0%, 2000년 이후 2.4%로 점점 감소하고 있는 것에 반해, 기업소득 증가율은 1980년대 7.8%, 1990년

6. 외환위기 이전인 1997년 도시근로자가구의 지니계수는 0.283이었다(통계청, 2006).

〈표 13〉 노무현 정부 시기의 소득분배구조 변화

구분		2003	2004	2005	2006
소득 5분위 배율	도시근로자	5.22	5.41	5.43	5.38
	전체 가구	7.23	7.35	7.56	7.64
지니계수	도시근로자	0.306	0.310	0.310	0.310
	전체 가구	0.341	0.344	0.348	0.351

자료: 통계청(2006), 조세연구원(2007)에서 재인용.

대 중반까지 6.5%로 감소하다가, 2000년대에 들어서면서 18.9%로 급격히 증가하고 있는 현상도 양극화 현상이 심화되고 있음을 나타내고 있다(김영화·김지숙, 2006: 162). 경제성장의 분배개선 효과(trickle-down effect)를 나타내는 고용유발계수(최종수요 10억 원 증가 시 피고용자 증가분)도 감소하고 있다(조세연구원, 2006). 한편, 최저생계비를 기준으로 했을 때, 전체 빈곤층의 절반 가까이가 근로빈곤층이라는 사실(노대명 외, 2006)은 이러한 분배구조의 양극화가 고착화되고 있음을 말해 준다.

2) 사회복지제도의 변화

노무현 정부는 사회복지정책의 기본이념으로 '참여복지'를 내세웠다. 2003년 보건복지백서에 따르면, 참여복지는 전체 국민을 대상으로, 국가가 책임지고 적정 수준의 복지혜택을 제공하며, 복지정책의 수립·집행·평가 과정에 국민이 실질적으로 참여하는 새로운 복지이념으로서 '복지의 보편성', '국가 책임', '국민의 참여'라는 특성을 가지고 있다.[7]

7. 2003년 보건복지백서는 각 특성을 다음과 같이 설명하고 있다. 첫 번째 특성인 '복지의 보편성' 확보는 저소득층 위주의 복지정책에서 탈피하여 모든 국민을 대상으로 하고,

그리고 이러한 참여복지 이념은 복지의 확대를 꾀하면서도 단순히 급여만 확대하는 복지를 지양한다는 점에서 국민의 정부가 내세웠던 '생산적 복지' 이념을 계승하고 있지만, 보건복지에 대한 국가의 역할과 책임 강화, 복지정책의 수립·집행·평가 과정에서 국민의 참여를 무엇보다 강조한다는 점에서 생산적 복지와는 차별성을 가지는 것이라고 한다.

이러한 노무현 정부가 추구했던 사회복지정책의 방향은 몇 가지 사회복지 관련 계획들을 통해 보다 잘 이해할 수 있을 것이다. 먼저, 사회보장기본법에 의거하여 2004년부터 2008년까지 추진될 사회보장장기발전계획으로 수립된 '참여복지 5개년계획'은 제1차 사회보장장기발전계획(1999~2003)에 의해 그 기본틀이 갖추어진 사회안전망의 내실화와 저출산·고령화 등 사회·경제적 변화에 대응한 복지 인프라 구축 및 복지서비스 확대, 전 국민에 대한 보편적 복지서비스 제공, 상대빈곤의 완화 등을 목표로 하고 있다.

2005년 9월에는 사회 각 부문에서 양극화가 심화되고 있다는 인식하에, 관계 부처 합동으로 '희망한국21-함께하는 복지' 대책을 마련했는데, 이 대책은 기존의 사회안전망을 정비하여 차상위계층이 빈곤층으로 전락하는 것을 방지함과 동시에 사회보험의 사각지대를 해소하고, 사회복지전달체계를 개선하며, 복지와 경제가 선순환할 수 있는 사회복지제도체계를 만드는 것을 주요 내용으로 하고 있다. 이 중 복지와 경제의 선순환에 관한 구상은 '사회투자정책' 개념으로 자리를 잡았다. 사회투자정책(social investment policy)에 대해서는 아직까지도 일치된

소득보장 위주에서 의료·보육·주거·환경·문화 등 의식주 전반의 생활권 보장으로 복지정책의 범위를 확대하고자 하는 것이다. 두 번째 특성인 '국가 책임'의 강조는 적정 수준의 복지혜택 제공은 1차적으로 국가의 책임이며, 복지를 외교·안보 등과 함께 국가가 당연히 공급해야 하는 인프라이자 공공재로 인식한다는 것이다. 세 번째 특성인 '국민의 참여'는 국민이 정책 형성 과정에 주체로서 참여하며, 서비스의 선택과 제공 및 평가 과정에 이용자(권리자)로서 참여를 보장하고자 하는 것으로 국민이 보건·복지에 대해 더 많이 알고, 더 많이 누릴 능력을 개발함으로써 더 많은 혜택을 볼 수 있도록 하자는 것이다.

개념정의가 이루어지지 못했지만, 참여정부에서는 '인적자본과 사회자본에 대한 투자확대를 통해 경제활동 참여기회를 극대화시켜 빈곤예방과 기회의 평등을 제공함으로써 경제성장과 사회발전을 동시에 추구하는 정책'이라고 밝히고 있다(2006년 보건복지백서). 2006년 8월 정부가 2030년까지의 국가 장기발전계획으로 발표한 '비전2030'의 핵심도 바로 이 사회투자정책으로 요약되지만 재정적인 지속가능성의 그림을 보여 주지 못한 채 '말의 성찬'에 머물고 말았다는 비판에서 자유롭지 못하다.

참여복지의 이념이나 정부가 발표한 주요 계획들을 통해 볼 때, 노무현 정부는 거시경제가 비교적 안정세를 보이고 있음에도 불구하고 빈곤과 사회양극화 문제가 심화되고 있는 상황을 해결하기 위해, 김대중 정부를 거치면서 기본적인 체계를 갖춘 사회복지제도를 내실화하는 것을 목표로 했던 것으로 보인다. 그리고 이러한 내실화를 '중앙정부-지방정부-민간'의 협력체계 구축을 통해 경제성장과 분배를 동시에 이룰 수 있는 방향으로 추진하려고 했던 것으로 판단된다. 이제 이러한 목표와 방향이 어떠한 제도 변화로 이어졌는지 살펴보자.

공공부조 영역에서는 국민기초생활보장제도의 기본틀이 유지되는 가운데, 자활사업을 확대하기 위한 다양한 조치가 취해졌다. 자활사업 참여자들이 일을 통해 자립할 수 있도록 2004년에 차상위계층까지 그 범위를 확대하고 자활근로사업 참여자들에게까지 근로소득공제를 확대하는 등의 조치가 취해졌다. 또한 자활근로사업이 기존의 업그레이드형과 취로형에서 근로유지형, 사회적 일자리형, 인턴형 및 시장형으로 다양해졌다. 노무현 정부는 일을 통한 빈곤탈출을 최선으로 보고, 자활사업을 단순히 근로능력 있는 수급자들에게 부여하는 조건이 아닌, 종합적인 빈곤탈출 지원체계로 확대하려고 했던 것으로 보인다.

이 밖에 공공부조 영역에서 있었던 변화는 다음과 같다. 먼저, 1999년 법 제정 시에 규정된 바에 따라 2003년 1월부터 수급자 선정과 급여

수준 결정에 소득인정액(소득평가액 +재산의 소득환산액) 개념이 적용되었다. 또한 2004년 3월 법이 개정되면서 부양의무자 범위가 직계혈족과 그 배우자, 생계를 같이하는 2촌 이내의 혈족에서 1촌의 직계혈족과 그 배우자, 생계를 같이하는 2촌 이내의 혈족으로 축소되고(2005. 7 시행), 최저생계비 계측을 위한 조사의 주기가 5년에서 3년으로 짧아졌다(2005. 1 시행). 2005년 12월에는 긴급복지지원법이 제정되어 2006년 3월부터 일시적인 위기 상황으로 긴급한 지원이 필요한 저소득층에게 생계지원, 의료지원, 주거지원, 사회복지시설이용지원 및 민간기관이나 단체와의 연계 등을 실시하는 긴급복지지원제도가 실시되었다.

사회보험 영역에서도 전체적으로 봤을 때 큰 변화는 없었다. 이는 김대중 정부 시기를 거치면서 4대 사회보험이 적어도 법적으로는 가능한 적용대상을 모두 포괄하면서 체계를 갖추었기 때문으로 볼 수 있다. 국민연금제도는 2003년 7월부터 사업장가입자의 범위가 단계적으로 확대되기 시작했는데, 당연적용사업장의 범위가 5인 이상에서 1인 이상으로 확대되었고, 1개월 이상 계속 사용되는 일용근로자 또는 1개월 동안 80시간 이상의 근로에 종사하는 시간제 근로자가 단계적으로 사업장가입자에 포함되기 시작했다.

건강보험제도에서는 2003년 6월에 직장가입자와 지역가입자의 재정이 통합되면서 완전한 제도 통합이 이루어지게 되었고, 2003년 7월에는 2000년 이후 이루어진 단계적인 편입 결과, 직장가입자에서 제외되어 지역가입자로 관리되고 있던 5인 미만 임의적용사업장 근로자와 월 80시간 이상 시간제 근로자 등이 직장가입자로 전환되었다. 또한 2004년 7월부터 환자의 본인부담액이 6개월간 300만 원이 넘지 않게 하는 본인부담상한제가 시행되었다. 고용보험제도에서는 2004년 1월부터 일용근로자도 보험적용 대상이 되면서 실질적으로 모든 사업장의 근로자가 고용보험의 혜택을 받을 수 있게 되었다.

사회복지서비스 영역에서는 저출산·고령사회에 대비한 계획과 대책

〈표 14〉 노인장기요양보험제도의 주요 내용

- **장기요양보험료의 산정 · 징수**
  - 건강보험료에 장기요양보험료율을 곱하여 산정, 건강보험료와 통합 징수
- **신청대상 및 판정절차**
  - 65세 이상 노인 또는 65세 미만 치매 등 노인성 질병을 가진 자
  - 건강보험관리공단 직원 방문조사, 장기요양등급판정위원회에서 수급자 여부 판정
- **장기요양급여의 종류**
  - 재가급여: 방문요양, 방문목욕, 방문간호, 주 · 야간보호, 단기보호, 기타 재가급여
  - 시설급여: 노인요양시설 등에서 제공하는 장기요양급여
  - 특별현금급여: 가족요양비, 특례요양비, 요양병원간병비
- **장기요양급여비용 본인 일부부담 및 국가 · 지자체 부담**
  - 수급자는 재가급여 비용의 15%, 시설급여 비용의 20% 부담
  - 기초생활보장수급자는 본인부담 면제, 저소득층에 대해서는 경감 규정 마련
  - 국가는 보험료예상수입액의 20% 부담
- **관리운영기구** : 국민건강보험공단

이 본격적으로 추진된 것이 주목할 만한 변화다. 2003년 10월 대통령 직속의 고령사회대책 및 사회통합기획단 내에 '인구고령사회대책팀'이 설치되어 2004년 1월 '저출산 · 고령사회 대응을 위한 국가실천전략'이 수립되었고, 이를 체계적으로 추진 · 발전시키기 위해 2004년 2월에는 기존의 팀을 '고령화 및 미래사회위원회'로 승격하였다. 또한 위원회의 심의 등 여러 차례의 논의 과정을 거쳐 2005년 5월에는 저출산과 고령화에 대비하는 국가의 기본적인 정책방향을 담은 '저출산 · 고령사회기본법'이 제정되었다. 이 법이 제정됨에 따라 '고령화 및 미래사회위원회'는 대통령을 위원장으로 하는 '저출산 · 고령사회위원회'로 승계 · 개편되었고,

〈표 15〉 노무현 정부 시기의 사회복지서비스 관련 제도 변화

영역	연도	관련 제도 변화
아동·가족	2003	• 전국에 17개소의 **가정위탁지원센터** 설치·운영 – 가정위탁 발굴, 부모교육, 위탁아동 및 위탁가정 조사, 사후관리
	2004	• 1월: **아동복지법** 개정 – 지역아동센터가 아동복지시설의 종류로 추가되어 공부방이 지역아동센터로 확대 – 아동정책의 체계적 추진을 위해 아동정책조정위원회와 실무위원회를 설치·운영 • 2월: **건강가정기본법** 제정 – 건강가정 기본계획 수립 및 시행 등 건강가정에 관한 주요 시책 심의를 위해 국무총리 산하에 중앙건강가정정책위원회 설치 – 5년마다 건강가정기본계획 수립하고 가족실태조사 실시 – 건강가정지원센터 설치에 관한 근거 규정 마련 • 7월: **중앙가정위탁지원센터** 설치
	2007	• 10월: 모부자복지법이 **한부모가족지원법**으로 개정
노인	2004	• **노인일자리사업** 실시 – 지역사회시니어클럽, 노인복지회관, 대한노인회 등에서 사업 수행 – 중앙에 **노인인력센터** 설치(2005년 7월 노인복지법 개정으로 한국노인인력개발원으로 이관됨) – 공익형, 교육형, 복지형, 시장형, 인력파견형으로 일자리 분류 • 대한노인회 16개 연합회와 231개 지회에 **취업지원센터**를 설치하여 기존에 대한노인회 일부 지회(70개소)에서 운영되고 있던 취업알선 업무 담당
	2006	• **노인주거개선사업** 실시
장애인	2003	• 2월: **제2차 장애인발전 5개년계획안**(2003~2007) 확정 • **장애아 무상보육** 실시 – 취학 전 만 5세 이하 장애인 복지카드를 소지한 아동 대상 – 중증장애아동에게는 월 24만 3천 원, 경증장애아동에게는 월 20만 1천 원 지원 • 장애범주에 호흡기, 간, 장루, 중증간질, 안면장애 추가

〈표 15〉 계속

영역	연도	관련 제도 변화
	2004	• 1월: 장애인 의무고용 사업장이 300인 이상에서 50인 이상으로 확대

2006년 8월에는 저출산·고령사회기본계획(2006~2010)(새로마지플랜 2010)이 수립되었다. 한편, 2005년 7월부터 2008년 6월까지의 시범사업과 2007년 7월 '노인장기요양보험법'의 제정을 통해 2008년 7월부터 노인장기요양보험제도가 시행되었는데 주요 내용은 〈표 14〉와 같다.

이 밖에 노인에 대한 다양한 일자리사업 실시, 건강가정기본법 제정(2004. 2), 아동복지법, 모부자복지법, 장애인복지법의 개정 등의 변화가 있었는데, 〈표 15〉는 이러한 변화를 정리한 것이다. 2004년 1월에는 '농어촌주민의보건복지증진을위한특별법'이 제정되기도 했다.

한편, 사회복지전달체계 개선을 위한 여러 노력들이 시도되었다는 점도 의미가 있다. 2004년 7월부터 2006년 6월까지 대도시, 중소도시, 농어촌 등 9개 지역을 대상으로 시행된 사회복지사무소 시범사업은 참여정부 국정과제인 참여복지와 삶의 질 향상을 위해 사회복지사무소 설치 등 사회복지전달체계 개편이 주요 과제로 제시됨에 따라 이루어진 것인데 실제 제도 변화로는 이어지지 못했다. 사실 사회복지사무소 설치에 대한 논의는 1980년대 초부터 시작하였고, 1995년에서 1999년까지 보건복지사무소 시범사업이 실시되기도 했지만 구체적인 변화로 이어지지는 못했다. 또한 2003년 7월 사회복지사업법 개정으로 2005년 7월부터 지역사회복지협의체가 구성되었는데, 지역 내 사회복지사업에 관한 중요 사항과 지역사회복지계획을 심의하고, 지역 내의 여러 가지 보건복지서비스를 연계시키는 기능을 하는 것이다. 2005년 11월 원스톱 통합 상담서비스인 보건복지콜센터(129)가 개통된 것도 의미 있는 변화라 할 수 있다.

3) 제도 변화의 성격

한국 정치의 이단아, 노무현 대통령의 드라마틱한 당선으로 수립된 참여정부는 김대중 정부 시기에 이루어진 경제회복의 성과를 누리면서 출발할 수 있었다. 경제적 안정을 발판으로 삼은 노무현 정부는 집권 초기부터 주요 개혁 프로그램들을 공세적으로 추진하였다. 하지만 사상 초유로 국회에 의한 대통령 탄핵으로 이어지는 등 소통의 부재로 말미암은 정치적 분열과 대립의 정치적 상황으로 점철된 시기이기도 하다.

거시경제적 성과에도 불구하고 소득분배구조는 개선되지 못했고, 전체 빈곤층의 절반 가까이가 근로빈곤층이라는 사실이 보여 주듯 양극화가 가시화된 시기이기도 하다. 김대중 정부 시기에 추진된 각종 신자유주의적 정책에 의해 국가 수준의 경제는 나아졌지만 국민 수준의 생활여건은 개선되지 못한 것이라고 볼 수 있다.

김대중 정부 시기 신자유주의화의 유산과 진보와 보수의 극한대립 속에서 노무현 정부는 '사회투자정책'을 추진하였다. 인적자본과 사회자본에 대한 투자 확대를 통해 경제활동 참여기회를 극대화시켜 빈곤 예방과 기회평등을 추진하는 것이 사회투자정책의 요체다. 이에 따라 차상위계층까지 자활사업을 확대하고 사업내용을 다변화하는 등 스스로의 노동을 통해 삶을 영위할 수 있는 여건 조성에 매진하게 된다.

하지만 사회보험 영역에서는 별다른 변화가 없고, 저출산·고령사회를 대비한 복지국가의 새로운 비전과 하위정책의 체계화에 힘쓰기는 했지만, 김대중 정부 시기의 자유주의적 제도화의 유산과 대통령을 필두로 한 정권 핵심의 정치적 미숙함은 이 시기의 새로운 복지국가 제도화가 시도되는 데 걸림돌로 작용하기도 했다. 민주주의 시대, 자유주의의 가치가 시장지상주의로 왜곡된 채 진일보한 복지국가로의 제도적 전환이 가시화되지 못한 것은 역사의 아이러니라고 평가될 수 있다. 이는 외국에서 직수입한 사회투자론의 태생적 한계로 인해 한국적 상황에 부합하는 복지정책이 만들어지지 못했기 때문에 벌어진 현상이다. 이 시기 보건복지부장관에 정권 실세들이 임명되어 부처의 위상이 높아졌음에도 불구하고, 근본적인 철학적 검토에서 출발하는 국가전략으로서의 복지정책화가 이루어지지는 못했다. 단시안적인 아마추어리즘과 정치적 수사만으로는 한국 복지국가의 근본적인 개혁이 불가능할 수밖에 없다고 하는 역사적 교훈이라고 하겠다.

V. 현대 한국 복지국가의 제도적 성격 변화

1. 한국 복지국가의 제도적 변화에 관한 계량분석

이 장에서는 1960년대 이후 최근까지의 상황 변화에 관한 양적 자료를 바탕으로 한국 복지국가 제도화의 기저 요인과 정치적 민주화를 둘러싼 제도상의 성격적 변화 여부를 진단해 보겠다.[1] 내용은 크게 세 부분으로 나뉘는데, 그 하나는 한국 복지국가를 둘러싼 상황이 어떻게 변화했는지를 기술적으로 살펴보는 것이고, 다른 하나는 그러한 변화의 추동요인에 관한 비교사회정책학의 이론적 가설들을 중심으로 한국 복지국가의 제도적 변화 여부를 검증하는 것이다. 이러한 두 가지 분석에서 확인한 결과는 세 번째 분석인 비교사회정책적 지출 분석을 통해 보완적 확인절차를 거치게 될 것이다.

---

1. 이 장의 내용은 안상훈·백승호(2008)에서 시도한 한국 복지국가 결정요인 구조에 관한 탐색을 보다 정교한 모형 구성과 전환의 기저요인에 관한 상세한 분석으로 확장시키는 것에 초점을 맞추었다. 이는 앞부분의 역사적 자료정리를 통해 도출한 것처럼, 현대 한국 복지국가가 주요 정치적 국면 전환 과정에서 성격적인 변화를 겪고 있는지의 여부를 비교사회정책학의 주요 변수를 통해 재점검하려는 목적에 따른 것이다.

본격적인 논의에 앞서, 왜 총량지출에 관한 '계량분석'을 시도하려고 하는지에 관한 설명이 필요하리라 본다. 1990년의 저서를 통해 Esping-Andersen이 복지체제론(welfare regime theory)을 설파한 이후, 체제론 중심의 복지국가 연구가 새로운 패러다임을 형성하였다. 이러한 연구 패러다임의 변화 속에서 총량지출을 중심으로 복지국가를 분석하는 연구들은 '일반화의 오류'를 답습하는 것으로 평가절하되기도 한다. 이러한 경향은 Esping-Andersen이 복지국가에 관한 '선진-후진 스펙트럼 접근법(bipolar spectral approach)' 혹은 '선형적으로 파악하는 접근법(linear approach)'을 비판하는 데서 출발했기 때문에 형성된 바 크다. 복지체제론에 근거한 새로운 패러다임이 복지자본주의 체제들의 '비선형적이고 독자적으로 구별되는 성격'을 규명하는 것으로 복지국가 연구의 물줄기를 바꾼 것이다.

하지만 이 장의 분석에서와 같이 지출총량에 관해 선형적인 분석을 시도하는 것이 학술적으로 의미 없는 작업으로 치부되거나 간과되는 최근의 연구경향이 옳지 못하다는 비판도 제기되고 있다(Ahn, 2000). 첫째, 사실상 Esping-Andersen이 열거한 체제들도 결국은 우열과 관련된 연속선에서 평가되고 있으며, 성격적으로 구분되는 것으로 묘사된 복지국가의 항목들도 계량적 변수로 치환될 수 있는 경우가 대부분이다. 둘째, 신자유주의에 입각한 성장과 경쟁의 담론이 정치적 헤게모니를 획득한 이후의 상황은 복지국가 축소정치의 전면등장으로 요약된다. 성장이 아니라 축소가 화두인 상황에서는 지출총량의 증감 여부가 그 자체로 중요성을 획득하게 된다. 우리나라와 같이 복지국가 추진에 관한 흑백논쟁이 공공연한 복지정치 상황에서는 복지지출 자체의 증감 여부가 여론의 일대 관심사이기도 하다.

아래에서 선행연구를 검토할 때 다시금 자세하게 설명하겠지만, 한국 복지국가 변화의 기저요인에 관한 계량적인 실증 분석은 자료와 방법론의 측면에서 다시 쓰여야 할 연구 분야다. 선행연구들이 노정하고 있는 가장 큰 한계는 그러한 연구들이 보고될 시점에는 정치한 분석에 필요한 계량자료 자체가 없었다는 점이다. 이런 면에서 이 장의 분석은 시기적으로 매우 운이 좋은 상황에 시도되었다. 최근에 수집·정리된 '비교사회정책 데이터셋(Comparative Social Policy Dataset, CSPD)'을 사용함으로써, 한국 복지국가의 변화에 관해 기존 연구가 누리지 못했던 자료상의 혜택을 누리고 있는 것이다.

이 장의 분석에서는 기존 연구들이 시계열자료를 분석하면서 노정했던 방법론적 문제를 해결하려고 노력하였다.[2] 본 연구에서는 이론을 제대로 반영하기 위해서 총량지출의 '수준'을 사용하였고, 일반화 최소제곱(GLS) 방식의 추정을 실시함으로써 자기회귀의 문제를 극복하였다. 다시 말해, 관찰사례의 크기, 변수정의의 이론적 엄밀성, 추정방식의 방법론적 타당성 등의 측면에서 볼 때 이 장의 분석은 기존 경험연구들의 한계를 극복하고 있다.

즉 이 장에서는 총량지출에 관한 진일보한 자료와 분석에 근거하여 ① 서구 복지국가의 변화 원인들에 관한 주요 이론을 한국에 적용할 경우 어떤 이론이 경험적 타당성을 확보하는가, ② 국민의 정부 이후 시기를 통해 한국 복지국가의 제도적 성격이 변화했는가에 대한 경험적 증거를 제시하고 있다.

---

2. 선행연구들의 방법론상 문제점은 크게 두 가지인데, 첫째는 시계열자료의 특성인 '자기회귀(autocorrelation)' 문제를 충분히 해결할 분석방법을 채택하지 못했다는 점이고, 둘째는 전년도 대비 지출변화율 등으로 변수를 변형함으로써 원래 이론들을 검증할 수 없는 방식으로 조작적 정의를 시도하곤 했다는 점이다.

2. 한국 복지국가의 변화요인에 관한 선행 경험연구

한국 복지국가의 변화 요인을 실증적으로 검증하는 기존의 연구 분야는 상대적으로 지지부진한 것이 사실이다. 몇 안 되지만, 기존의 연구들은 한국 복지국가의 변화를 측정하는 변수로서 사회복지지출 수준을 주로 사용하였고, 사회·경제·정치적 요인들이 사회복지 지출 수준에 어떠한 영향을 미치는지를 분석했다는 공통점을 지닌다(김미혜·정진경, 2003; 전준구, 2001; 안강식, 1995; 김행범, 1993; 곽효문, 1993; 오승석, 1992 등). 하지만 기존의 연구들이 자료의 출처, 조작적 정의의 방식, 독립변수, 분석시기, 분석방법 등에서 매우 상이하며 연구마다 결과가 엇갈린다. 따라서 이들 연구들을 비판적으로 검토하는 것에서 출발함으로써 본 연구의 분석이 보다 타당한 자료와 방법론, 그리고 이론적 정합성을 획득하고 있는지 확인해 보고자 한다.

먼저, 사회복지지출 자료의 신뢰성을 살펴보자. 기존의 연구들은 김미혜·정진경(2003)의 연구를 제외하고 대개의 경우 정부 일반회계 세출예산의 기능별 분류 중 사회개발 분야의 자료를 사용하였다. 사회개발 분야는 사회보장·복지, 보건 및 생활환경개선, 주택 및 지역사회개발, 인구개발 및 인구대책, 교육 및 문화의 다섯 영역으로 구성되어 있다. 기존의 연구들은 사회개발 분야 전체를 포괄한 지표를 사용하기도 했고(오승석, 1992; 곽효문, 1995), 사회보장·복지 분야에 한하여 측정하기도 했으며(김행범, 1993), 사회보장·복지 분야와 보건 분야만을 포함하기도 했다(전준구, 2001). 정부 일반회계 세출예산 자료를 사용하는 연구들은 지방정부의 세출예산은 반영하지 못함으로써 복지지출을 불완전하게 측정하는 오류를 범하게 된다. 무엇보다 공공부조의 경우에는 지방정부의 분담률도 상당하기 때문에 이를 포함하지 않는 것은 문제의 소지가 있다. 오승석(1992) 등과 같이 5개 분야 모두를 포괄적으로 측정하는 경우에는 도시개발, 상하수도 등을 포함하게 됨으로써 너무 광범위한 지표가 되어 버리기도 한다. 김행범(1993)과 같이 사회보장·복지 분야만을 포괄하여 사회복지지출을 측정하는 경우나 전준구(2001)와 같이 사회보장·복지 분야에 보건 분야를 포함할 경우에는 사회복지 영역의 주요 분야를 제외시키는 문제가 있다. 이에 비해 김미혜·정진경(2003)의 연구는 사회지출자료의 신뢰성 측면에서 진일보하였다고 평가할 수 있다. 하지만 1994년까지는 노인철·김수봉(1996)의 자료를 사용하고 이후 1999년까지는 고경환 등(2002)의 자료를 사용하고 있어, 서로 다른 기준을 가진 자료를 혼용하였다는 문제에 봉착하고 있다. 이에, 본 연구에서는 사회복지의 전 영역을 고르게 포함하고 있는 ILO와 OECD의 기준에 근거하여, 1960년대 초반부터 일관된 기준을 가지고 수집된 사회복지지출 자료를 사용함으로써 조작적 정의의 이론 정합성과 시계열의 일관성을 확보하고 있다.

다음으로는, 사회복지지출 척도구성 방식의 다양성과 관련해서 기존 연구들을 검토해 보자. 사회복지지출 자료를 사용하여 척도를 구성하는 방식은 두 가지로 구분할 수 있다. 하나는 1인당 사회복지지출액(오승석, 1992; 김행범, 1993)이고 다른 하나는 GDP 또는 GNP 대비 사회복지지출 비율(김미혜·정진경, 2003; 곽효문, 1993, 1995; 전준구, 2001) 혹은 정부 총지출 대비 사회복지지출 비율(오승석, 1992; 곽효문, 1993, 1995; 전준구, 2001)을 사용하는 것이다. 이러한 두 종류의 지표는 인구규모 혹은 경제규모를 미리 통제할 수 있다는 점에서 유용하다. 그럼에도 불구하고 이들 척도를 한 연구에서 체계적으로 검토한 연구는 거의 없는데, 본 연구에서는 이들 두 가지를 모두 사용할 것이다.

세 번째로 분석 시기를 살펴보자. 기존의 연구들은 1960년대 초부터 가장 길게는 1999년까지(김미혜·정진경, 2003)를 분석하고 있다. 따라서 정권교체와 김대중, 노무현 정부로 이어지는 중도좌파 정부의 영향력을 검증하지 못하게 된다. 여기서는 길게는 2006년까지를 분석에 포함시킬 것이며, 이로써 김대중·노무현 정부가 한국 복지국가의 변화에 어떤 영향을 미쳤는지에 관한 최근의 성격논쟁을 경험적으로 분석할 수 있게 된다.

분석방법의 견지에서도 본 연구는 기존 연구들의 한계를 넘어서고 있다. 기존 연구들은 요인분석, 경로분석, OLS 다중회귀분석 등을 사용하였는데, 이는 추정방법의 타당성에 문제가 있을 뿐 아니라 주요 이론과 관련된 모든 변수를 일시에 투입함으로써 과소 사례수 문제(small N problem)를 노정한다. 여기서는 가장 최근의 기존 연구인 안상훈·백승호(2008)에서 판명된 주요 변수를 중심으로 해서 과소 사례수 문제를 극복하고, GLS 방식의 시계열 회귀분석을 수행함으로써 자기회귀 문제를 처치할 것이다.

3. 분석 자료와 복지국가 변화의 이론변수

이 장의 시계열 분석에 사용된 자료는 서울대학교 사회정책연구그룹(2008)이 구축한 '비교사회정책 데이터셋(Comparative Social Policy Dataset: CSPD)'이다. 이 자료는 기본적으로 LIS(Luxemburg Income Study)에서 제공하고 있는 비교 복지국가 데이터(Comparative Welfare States Data Set: CWSD)에 연동되는 항목을 중심으로 구축된 한국 시계열을 포함한다.[3]

먼저 분석에 사용된 변수들의 조작적 정의를 살펴보자. 복지 노력을 표상하는 지표 중에서 '1인당 공공복지지출'은 CWSD 자료상의 변수인 SSEXP를 기반으로 한다. SSEXP는 ILO 기준을 사용한 공공부문의 현금

3. 주로 1990년대 후반까지의 자료에 국한됨으로써 2000년 이후의 복지국가 변화 양상을 담아내지 못하는 한계를 갖고 있던데 반해, 이 장에서 사용한 CSPD는 변수들의 연도 범위를 최대 2006년까지로 최신화한 자료로서 비교적 최근의 상황까지 반영하고 있다. 따로 제시하지 않은 경우 자료출처는 CWSD와 CSPD다. 한국연동자료의 구체적인 출처는 관련 보고서를 참조하기 바란다.

및 현물(의료 포함) 급여의 총액 지수인 SSBEN에 운영비 지출, 다른 사회보장제도로의 재정이전지출과 기타지출을 합친 총지출이다. '총공공사회지출'은 OECD 기준을 사용한 GDP 대비 총공공사회지출로서 우리나라의 경우 4대 사회보험과 공공부조, 기타 사회복지서비스 지출이 포함된다.

구조기능주의적 이론들을 반영하는 변수로 많이 사용되는 것은 경제적 수준을 표상하는 1인당 GDP, 산업화의 정도를 표상하는 농업 부문 노동자 비중, 그리고 65세 이상의 노인인구 비중이다. 분석결과 이들은 매우 높은 상관관계를 가지고 있어, 가장 대표적 변수인 '1인당 GDP'만을 사용하였다. 또한 1인당 GDP는 PPP지수를 사용하였다. 이 관점에서는 모든 정치제도들이 사회의 복잡성 증가에 따른 보편적 스트레스와 욕구에 대한 반응으로 생겨난다는 Durkheim(1893)의 규정에서 출발한다. 이 관점은 Parsons(1902)의 언명에 입각, 사회제도가 목표 달성을 위한 성원들의 합의(consensus)로 생겨난다고 가정함으로써, 구조기능주의의 수렴론적 인식으로 이어졌다.[4] 구조기능주의의 관점에서 보자면, '복지국가의 발전은 근대화, 산업화, 도시화, 인구증가 등 20세기가 당면하였던 새로운 변화와 그 충격에 대한 점증적인 적응'에 불과하다. 관련된 기존의 경험연구들은 주로 선진국에서 후진국에 이르는 다수의 국가 사례를 비교연구에 포함시켰는데, 여기서와 마찬가지로 복지지출이라는 종속변수를 추동하는 유의미한 독립변수가 각국의 경제수준임을 확인하였다(Wilensky, 1975).

'실업률'은 OECD 기준 표준화실업률로서 총노동자수 대비 실업자수로 조작화된다. 실업률은 독점자본 축적의 결과를 반영하는 것으로 여겨지기도 하지만, 실업의 증가가 빈곤이나 실업급여를 확대한다는

4. 이러한 인식은 이 관점의 복지국가 연구에도 그대로 적용되어 비정치적 이론, 이데올로기 종언론 등 경제결정론적인 수렴론으로 이어졌다(Pierson, 1991).

의미에서 복지지출 변화의 통제변수로 투입할 것이다(Ahn, 2000). 사실상 독점자본주의 이론(Miliband, 1969; Poulantzas, 1969)은 그 이론적 형이상학성으로 인해 구체적인 경험자료에 의해 검증되기 힘든 이론이기도 하다.

주로 구조기능주의적인 산업화 이론에 대항하여 등장한 이론이 바로 권력자원론이다. 애초에 자본주의에서는 경제적 권력자원을 통제하는 자본계급이 막강한 권력을 소유하지만, 민주주의의 발달과 함께하는 자본체제에서는 노동계급이 수적으로 우세하기 때문에 다수결의 정치를 노동계급의 이익을 위해 활용할 수 있게 된다. 이러한 논리는 노동계급이 향유할 수 있는 권력자원으로서 '정치적 권력자원'의 중요성에 관한 강조에서 시작된다. 노동계급이 의식화되고 조직화되면 노동자 정당 창당과 의회진출이 가능해지고, 궁극적으로 다수당이 되거나 적어도 모종의 정치적 권력을 행사할 수 있게 되는 순간 자본주의의 제도적인 변화가 시작된다. 여기서 말하는 제도적인 변화란 경제적 권력자원마저 노동계급에게 넘어가기 시작하는 복지국가의 발전을 말한다.

이 이론에서 복지국가 발전의 중요한 변수들은 노동조합의 중앙집중화 정도, 노사갈등의 심도 혹은 좌파정당의 집권[5] 등으로 요약된다(Esping-Andersen and Korpi, 1985).[6] 권력자원론은 노사분규, 노조조직률, 좌파득표율 등으로 지표화된다. '노사분규'는 ILO 기준 지표로서 노사분규에 따른 1천 명당 손실 일수, '노조조직률'은 총경제활동인구

---

5. Huber와 Ragin, Stephens(1993)는 복지 프로그램의 성격과 질은 사민당권력과 상관되지만, 복지지출은 기민당권력과 상관되는 경향이 있음을 밝힌 바 있다.

6. 비교사회정책 연구들에서 종종 오해되고 있는 것은 '권력자원론이 구조기능주의의 경제성장론을 무조건 배격한다'는 식의 주장이다. 하지만 이것은 편협한 해석이며, 권력자원론에서는 경제성장은 필요조건이기는 하되 충분조건은 아니라고 본다는 점을 기억할 필요가 있다. 저개발국과 선진국 사이의 차이는 구조기능주의로 설명이 가능하다. 하지만 경제성장을 통제(control)하기 위해 선진국만 포함할 경우, 선진국 간의 분화(diversification)는 구조기능주의로는 설명이 불가하게 된다.

대비 노조조합원 수, '좌파득표율'은 좌파정당의 총선 득표율로 계산하였다. 선진국 비교연구에서 좌파정당 관련 변수로 많이 사용하는 변수들은 좌파정당 의석수나 좌파정당 내각구성비 등을 누적지수화한 것이다. 하지만 우리의 경우 좌파정당의 총선 의석확보율이 매우 저조하기 때문에 득표율을 사용하였다. 한국의 특수성을 반영하여 제도적 경로변화를 타진할 수 있는 변수들을 추가하였다. 대통령중심제하에서 대통령의 이념성향이 좌파적인 경우 복지국가지출이 증가할 것이라는 가정하에, 김대중 정부 이전과 이후를 나누어 이후를 1로 더미변수화한 변수가 '대통령이념'이다. 기존 한국 복지국가 연구에서 많이 거론되는 것으로, 1987년 노동자대투쟁 이후의 민주화 변인을 반영하기 위한 더미변수인 '민주화'[7]가 투입되었다.[8]

기타 제도주의적 경험연구들에서 복지국가 변화의 변인으로 거론되었던 주요 변수들도 검증을 위해 투입되었다. 정당경쟁을 반영하기 위한 변수들로는 '중도좌득표율'과 '야당득표율'이 있다. 중도좌득표율은 총선에서의 우파득표율 대비 좌파와 중도파의 합산득표율이다. 이는 좌파와 중도파의 약진은 비록 한국에서 이들 정당이 집권하기 힘들었다고 하더라도 여당인 우파로 하여금 모종의 위기의식하에 복지지출을 증가시킬 것이라는 전제를 지닌다. 야당득표율은 여당 대비 야당득표율로 계산하였다.[9]

---

7. 한국 정치의 민주화 기점으로 얘기되는 노동자대투쟁과 6·29선언이 발생한 1987년 이후를 1로 코딩한 더미변수다(김태성·성경륭, 2000; 김연명, 2002).

8. 이는 정치적인 측면을 강조는 다원주의 이론(Pluralist theory)과도 연결된다(Dahl, 1968; Lindblom, 1977; Pampel and Williamson, 1989). 이 이론에서는 권력(power)이 다수의 이익집단들 사이에 분산된 상태에서 복지정치가 이루어지는 상황을 상정한다. 즉, 다원주의 이론에서는 합의보다 갈등이 강조되고, '복지국가의 발전은 노인, 소기업주, 농부, 여성 등을 대표하는 다양한 압력집단의 요구와 로비에 대한 국가의 반응'이라고 설명한다. 1987년 이후, 즉 정치적 민주화가 진전된 이후의 제도적 변화가 있었는지에 관한 간접적인 해석이 이 이론으로부터도 가능하다.

9. 김대중 정부 이후는 야당 대비 여당으로 계산한 역수를 반영하였는데, 이전 시기에는

세계화론을 검증하기 위한 독립변수로는 '개방경제'를 투입하였는데, 이는 GDP 대비 수출입총액으로 계산하였다. 세계화와 관련된 이론들은 입장이 크게 둘로 갈린다. 개방경제를 강조하는 측에서는 수출부문에 크게 기대는 나라들의 경우, 대외신인도 유지를 위해 노사관계의 안정이 중요하고 이는 결국 사회적 임금을 보장하는 복지국가를 촉진하게 된다고 주장한다(Cameron, 1978; Katzenstein, 1985). 반면, 전반적인 신자유주의의 헤게모니를 강조하는 측에서는 세계화는 '자본의 상승'을 강화하고 '노동계급'의 정치력을 약화하는 기제로서, 세계화가 증진될수록 복지국가는 축소된다고 주장한다(Olsen, 1991, cf. 김태성·류진석·안상훈, 2005).

4. 주요 변수의 변화 경향

우선 사회복지지출 수준의 변화 경향을 1인당 공공복지지출과 OECD 기준으로 측정된 공공사회복지지출(총공공사회지출)의 연도별 변화로 살펴보자. 〈그림 1〉과 〈그림 2〉에서 볼 수 있듯이 전반적인 사회복지지출 수준은 두 변수 모두에서 점진적으로 증가해 왔다.

먼저 1970년대의 사회복지지출 수준의 변화는 공적연금과 공공부조제도 등 각종 사회복지제도의 도입과 관련된다. 하지만 각종 사회복지제도의 도입에도 불구하고 이 시기의 지출 수준이 크게 증가하지 않은 이유는 무엇보다 제도의 미성숙에 기인한다. 즉, 연금의 경우 제도 도입에서 실제 연금 지급까지는 시간상 상당한 격차가 존재하지만 이것이 다는 아니다. 국가가 사회복지제도를 도입하면서도 재정개입을 최소화하고, 되도록이면 기업에 복지제공을 전가하는 발전주의적 복지국가의 특성이 반영되어 있기도 하다(김행범, 1993: 153).

야당이, 이후 시기에는 여당이 더 친복지적이라는 상식적인 가정에 근거한다.

〈그림 1〉 총공공사회지출

(단위 : GDP 대비 %)

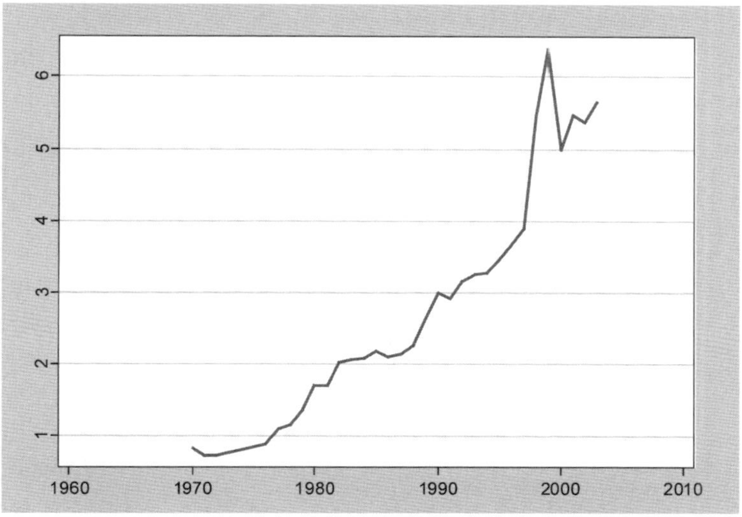

〈그림 2〉 1인당 공공복지지출

(단위 : 만 원)

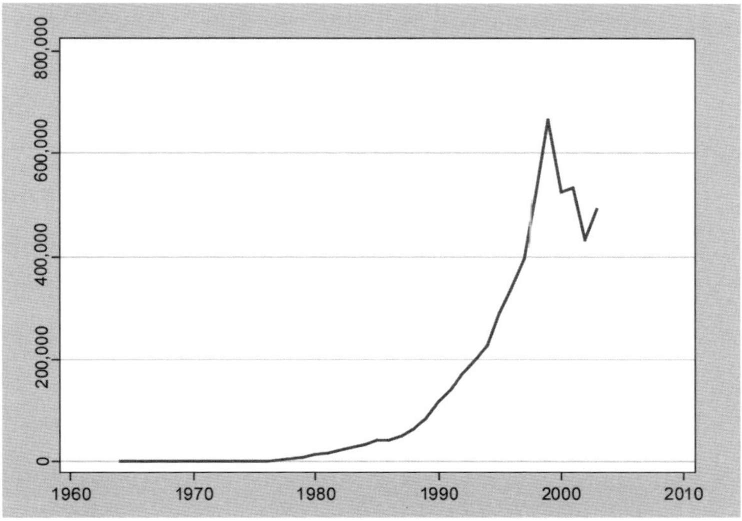

1980년대 초반의 경우에는 전두환 정권 시기에도 기존의 발전국가 전략이 지속됨으로써 사회복지지출에 큰 변화가 목도되지 않는다. 그러나 1987년 민주화운동과 노동운동의 분출로 억압적 발전국가 전략이 해빙을 맞으면서(김태성·성경륭, 2000: 385), 미미한 수준이긴 하지만 1980년대 후반의 사회복지지출 수준 증가율이 높아진 것으로 나타난다.[10] 1990년대는 통합재정상 사회지출이 교육지출을 역전하는 시기다(남찬섭, 2007). 이는 주로 노령보험, 건강보험 등의 지출 증가에 기인한 것으로 파악된다. 그러나 1990년대 말의 외환위기에 이르기까지 노동계급의 정치세력화가 제도화되지 못했고, 결과적으로 한국 복지국가의 후진성은 지속되었다(홍경준, 1998).

1990년대 말과 2000년대 초반은 김대중 정부로의 정권교체와 민주노총 등 노동세력의 성장을 필두로 진보의 가치가 싹을 틔운 시기다. 이와 더불어, 1997년의 외환위기로 실업이 급증하고 이에 대한 정책적 대응의 결과, 사회복지지출 수준이 1997년 이후 일시적으로 급격히 증가하였다(백승호·안상훈, 2007: 347). 그러나 이 시기의 사회복지지출은 실업대응적인 임시방편의 성격이 짙은데, 실제 지출증가의 상당 부분이 공공부조성 현금급여 증가로 채워지는 등 다른 대부분의 세부 분야 복지지출 수준은 답보상태에 있는 것으로 확인된다(백승호·안상훈, 2007: 349).

〈그림 3〉에서 볼 수 있듯이 실업률이 1980년 전후와 1990년 후반에 급격히 증가하는데, 특히 1990년대 후반의 실업률 증가는 경제위기로 인한 기업 구조조정의 가속화에 따른 결과다. 흥미로운 사실은 실업이 급증한 국면과 사회복지지출이 급증한 시기가 거의 정확하게 겹친다는 점이다. 이후 실업이 해소되는 시기에 사회복지지출 증가율은 완화되거나 오히려 감소하기도 한다. '한국 복지국가의 이륙(離陸)' 현상이라고

---

10. 하지만 뒤의 분석에서와 같이 이 역시 실업률의 영향이기도 하다.

〈그림 3〉 실업률 (단위 : %)

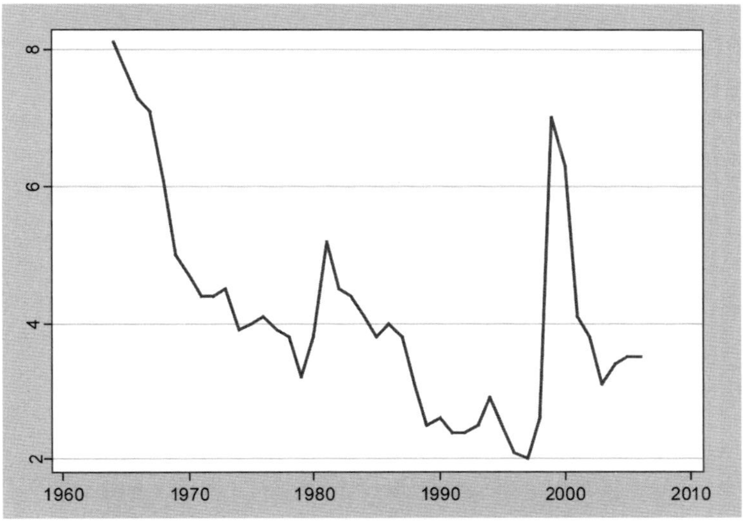

〈그림 4〉 1인당 GDP (단위 : US 달러)

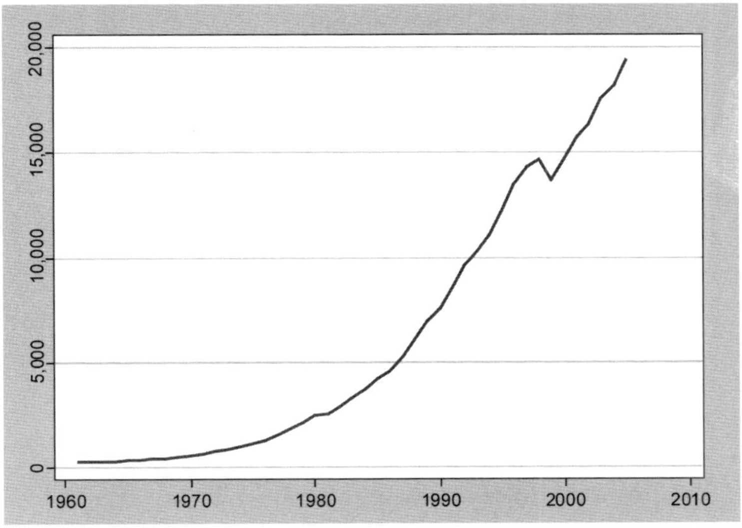

〈그림 5〉 노조조직률(경제활동인구 대비 조합원 비율) (단위 : %)

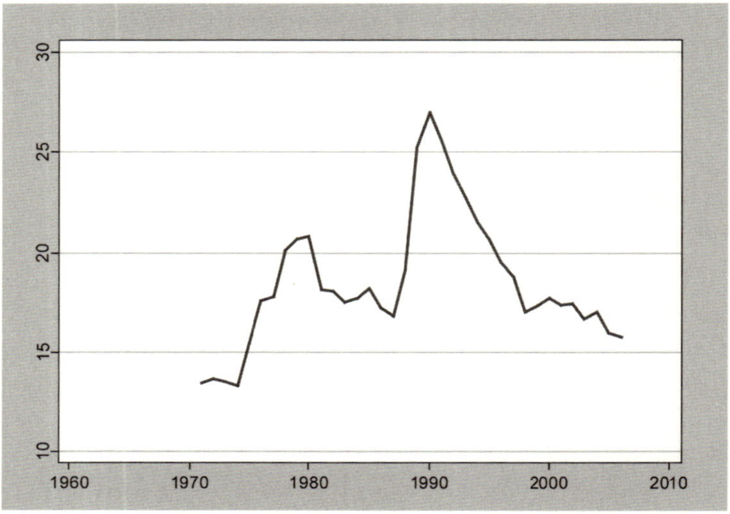

〈그림 6〉 노사분규(1천 명당 손실 일수) (단위 : 일)

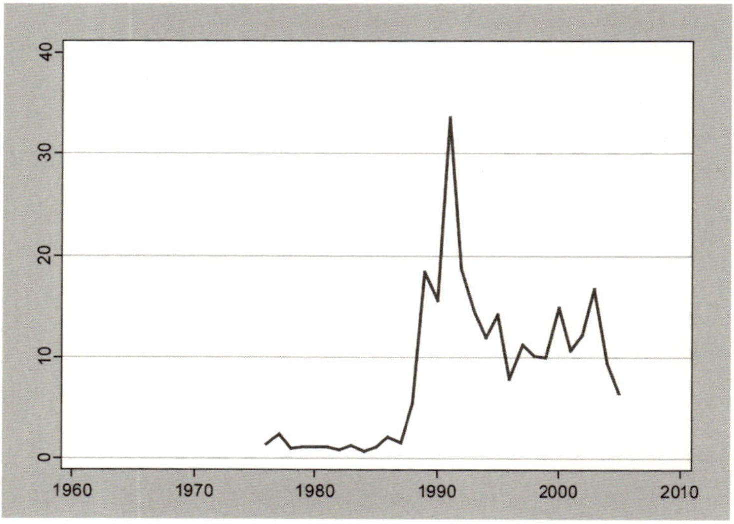

김연명(2002: 355-366)과 다케가와(2006: 136)가 칭송한 김대중 이후 시기의 변화는 매우 짧은 시기에 국한된, 그야말로 찰나적 현상에 불과하다는 관찰로 이어질 수 있는 부분이다.

어쨌거나, 김대중 정부 시기에 경제위기로 악화된 대외종속, 여소야대의 취약한 정치적 기반, 노동운동의 약화 등이 사회복지지출의 증가에 부정적으로 작용했으리라는 설명에서도 알 수 있듯이(송백석, 2005: 141), 이 시기의 사회복지지출 총량의 추세만으로 한국 복지국가 제도의 성격 변화가 이루어졌다고 단정하기에는 무리가 있다. 오히려 전반적인 사회복지지출의 변화 경향은 〈그림 4〉에서 볼 수 있듯이 1인당 GDP 수준의 변화 경향과 거의 동조되는 모습을 보이고 있다. 이후 시계열 회귀분석에서 본격적으로 확인되어야 하겠지만, 산업화의 영향에 따른 자동적 성장이라 치부될 수준의 매우 미미한 발전궤적이라 평할 수 있다. 1990년대의 정치적 격변에도 불구하고 한국 사회의 성장중시형 발전주의적 정책 경향이 별다른 수정 없이 이어지고 있다고 볼 수 있는 것이다.

이상과 같은 관찰은 구조기능주의적 관점에 서 있는 산업화론의 해석이 최근까지의 한국 사회복지지출을 설명하는 데 가장 유효한 이론이 될 수 있음을 시사한다. 그렇다면, 산업화론에 대항하여 정치적 영향력이 복지국가의 제도 변화에 가장 큰 관건이 된다고 주장하는 권력자원 관련 변수들은 어떠한 경향을 보일 것인지 살펴보도록 하자. 〈그림 5〉와 〈그림 6〉은 권력자원론에서 강조하는 복지국가 변화의 기저요인으로서 노동운동의 정치세력화를 표상하는 노조조직률과 노사분규의 경향을 보여 준다.

먼저, 노조조직률은 1980년 전후와 1990년 전후의 짧은 기간에 일시적으로 높아지고 있지만, 그 이후 감소하는 추세를 보이고 있다. 이는 한국 사회에서의 노동운동이 서구 복지국가에서와 같은 수준의 정치세력화로 연결되지 못하고 있음을 보여 주는 것이다. 즉 권력자원론의 주

〈그림 7〉 좌파득표율(총득표율)

(단위 : %)

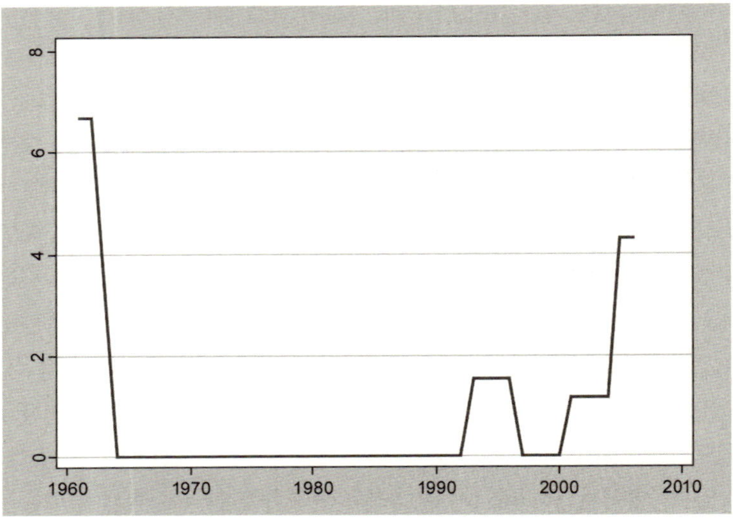

〈그림 8〉 중도좌득표율(우파 대비 비율)

(단위 : %)

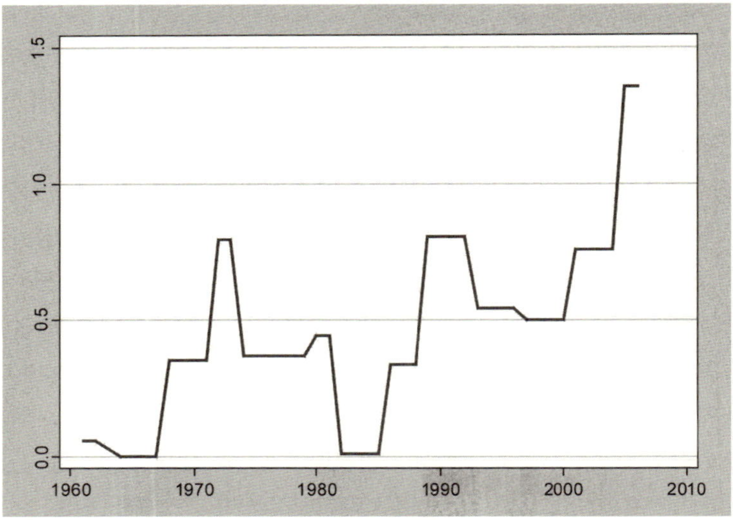

요 변수가 한국 복지국가의 지출 변화를 결정하는 데에 설명력이 그리 높지 못할 것으로 예상할 수 있게 하는 대목이다. 사회복지지출 수준이 일시적이나마 폭증하는 현상을 보이는 1990년대 후반의 경우 노조조직률은 오히려 감소하고 있다. 이는 권력자원론에서의 주요 변수인 노동운동의 영향력이라기보다는 경제위기에 대한 일시적 대응의 성격이 짙다는 주장에 힘을 더한다. 노사분규의 경우에도 노조조직률과 유사한 경향을 보이고 있다. 다만, 2000년대 초반에 약간 증가하는 경향을 보이다가 다시 하락세로 돌아서고 있어 권력자원론 변수들에 관한 최종적인 결론은 뒤의 시계열 회귀분석 이후로 미루도록 할 것이다.

권력자원론의 기저요인으로서 노동운동이 복지국가의 실제적인 성장으로 이어지는 궁극적인 상황은 노동운동에 의한 혹은 그에 의해 뒷받침되어 탄력을 받게 되는 좌파정당의 의회진출, 나아가 의회 장악을 통한 사회입법의 추진이다. 〈그림 7〉에 나타나 있듯이 한국에서의 좌파정당의 영향력은 아직까지 매우 미미한 상황이므로 좌파정당에 의한 본격적인 사회적 전환을 논하는 것은 별다른 의미가 없을 것이라 여겨진다. 대신, 권력자원론의 논리를 조금 완화하고 또 다른 복지국가의 우군으로 알려진 중도정당까지 포함하여 새롭게 구성한 정치적 변수(중도좌득표율)를 살펴보자(〈그림 8〉).

총선에서의 우파득표율 대비 좌파와 중도파의 합산득표율인 중도좌득표율은 1970년대 초반과 1990년 즈음, 2000년 직후에 거의 1에 육박하는 수준으로 올라서고 있다. 앞서 살펴본 것처럼, 사회복지지출 총량이나 1인당 사회복지지출이 상승하는 것과 추세적으로 약간의 연관성이 확인되는 부분이다. 좌파와 중도파의 약진이 여당인 우파로 하여금 모종의 위기의식을 조장하고 당근정책으로 복지제공을 증가시키게 했다는 가설을 가능케 해 주는 부분이다. 그럼에도 불구하고 중도파와 좌파의 합산득표율이 최고조에 달하는 2000년대 중반, 복지지출의 주목할 만한 증가는 목도되지 않는다.

〈그림 9〉 야당득표율(여당득표율 대비 비율) (단위 : %)

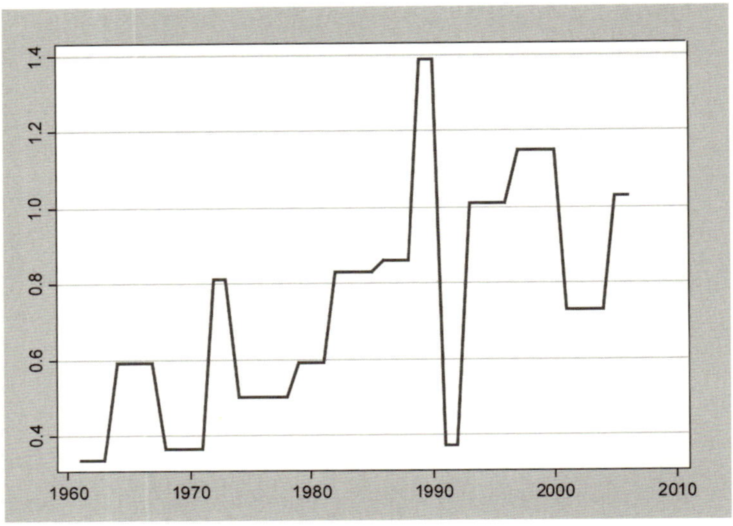

〈그림 10〉 개방경제(GDP 대비 수출입총액 비율) (단위 : %)

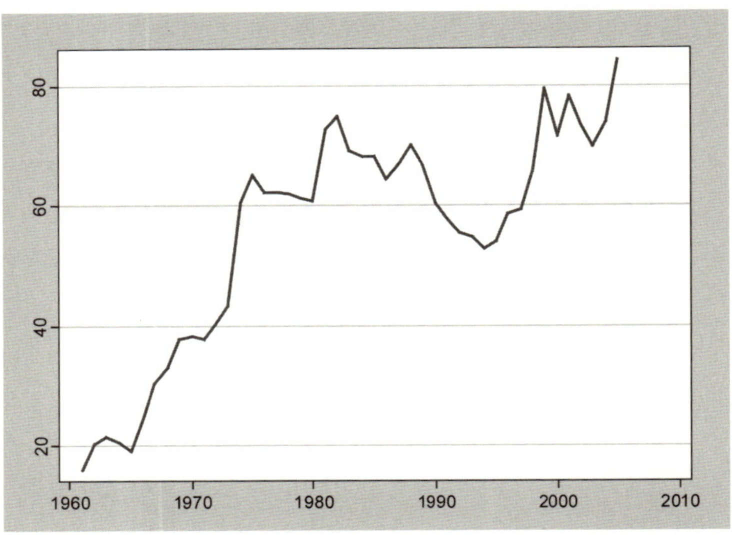

이와는 약간 의미가 다르지만 여당 대비 야당득표율의 변수(야당득표율)를 따로 구성하였다(〈그림 9〉). 권위주의 정권에서 민주주의 정권으로 교체가 이루어진 김대중 정부 이후는 역수를 취한 값이 사용되었다. 이 변수는 과거 개발독재시기 권위주의의 맥을 잇는 정당이 대체로 반복지적 성격에 경도될 것이라는 의미를 담고 있다. 즉 야당득표율이 높다는 것은 복지국가로의 전환이 힘을 받을 상황적 조건이 된다고 할 수 있다. 이 변수는 1960년대 이후 약간의 등락을 거듭하면서 조금씩 상승하는 추세에 있는 것으로 나타난다. 크게 보아 복지국가 지출의 성장 추세와 일정 정도 겹치는 부분이 있다고 해석할 수 있다. 하지만 중도좌득표율과 야당득표율과 같은 정치적 변수의 영향력이 다른 주요 변인이 통제된 상태에서도 드러날 것인지에 관해서는 뒤의 시계열 회귀분석에 대한 논의에서 다시 한 번 검토될 문제다.

마지막으로 GDP 대비 수출입총액으로 측정된 한국의 경제개방도의 변화 경향을 살펴보자. 〈그림 10〉에서 보이는 것처럼, 1960년대 이후 증가 추세를 보이다가 1982년을 정점으로 감소세로 돌아섰으며, 1990년대 중반 이후에는 다시 증가하는 경향을 보이고 있다. 한국의 경제개방도는 박정희 정권에 의해 추진된 수출주도형 공업화 전략의 결과로 1970년대 후반까지 급속히 증가했었다. 1990년대 중반 이후에는 외환위기 이후 내수 규모가 급격히 축소되고 IT를 필두로 한 새로운 수출종목의 개발에 따라 수출 의존도가 다시 증가하는 것이라 볼 수 있다. 즉 한국의 경제개방도 변화 경향은 산업화의 진전과 맥을 같이하고 있다고 할 수 있다. 전반적인 경향선이 복지지출 경향선과 완전히 일치한다고 볼 수는 없지만 상당히 유사한 증가 경향을 보인다고는 말할 수 있다. 즉 경쟁적 세계화에 의해 복지지출이 축소될 것이라는 가설보다는 대외의존도가 높은 나라에서 노동 진영을 달래는 방편으로 복지지출을 증가시킨다는 가설이 조금 더 그럴듯할 것이라는 예상을 가능케 해 주는 대목이다.

5. 시계열분석 결과

이제 본격적으로, 지금까지의 기술적 분석을 통해 추출한 주요 변수들을 동시에 투입한 다중 시계열 회귀분석의 결과를 살펴보기로 하자. 우선, 이 절의 분석에 사용된 시계열 회귀분석의 추정방법은 다음과 같다. 독립변수와 종속변수가 시계열자료인 경우, 회귀식에서의 시점별 오차항들은 자기회귀의 문제에 노출되는 경우가 일반적이다. 본 연구의 분석에서도 모든 분석모형에서 1차 자기회귀 문제가 발견되어, 일반화최소제곱방식(Generalized Least Squared)으로 추정하였다. OLS 오차항을 무작위화하는 방식으로는 Prais-Winsten 추정방식(이하 PW)을 채택하였다.[11]

먼저 〈표 16〉은 OECD 기준으로 계측된 사회복지지출(총공공사회지출)을 종속변수로 하고, 1인당 GDP 수준(1인당 GDP), 표준화된 실업률(실업률), 경제개방도를 통제변수로, 그리고 복지국가의 제도적 변화를 추동할 것으로 기대되는 여러 가지 정치요인 변수들을 각각 독립변수로 투입한 모형들에 관한 Prais-Winsten 시계열 회귀분석 결과를 보여 준다.

세 가지 통제변수의 의미는 각각 다음과 같다. 1인당 GDP가 산업화론의 자동성장 가설을, 실업률이 실업증가에 따른 반자동적 사회지출에 대한 통제를, 그리고 개방경제가 대외의존도가 높은 나라에서 노동운동완화 가설 혹은 세계화론의 축소 가설을 반영한다. 이들 변수들은

---

11. 보다 일반적인 추정방식인 Chochrane-Orcutt(이하 CO)은, 이 장의 분석에 사용된 자료와 같이 시계열이 짧은 경우에는 적합하지 않다. 자기회귀가 없을 때까지 반복추정(iteration)을 하게 되면 매번 사례수가 하나씩 줄어들어, 최종추정에서의 분산 변화가 지나치게 왜곡될 수 있기 때문이다(Stimson, 1985; Sayrs, 1989). PW는 CO와 거의 동일한 변수변환을 사용하지만, 반복추정 시 초기 값을 특정치로 대체함으로써 사례수를 유지하게 된다. 자기회귀를 확인하는 방식에도 여러 가지가 있는데, 여기서는 Durbin-Watson 공식을 사용하여 잔차회귀계수(rho)를 추정하였다.

〈표 16〉 종속변수 '총공공사회지출'에 대한 시계열 회귀분석 결과

변수	모형1	모형2	모형3	모형4	모형5	모형6	모형7
1인당 GDP	.000 .000	.000 .000	.000 .000	.000 .000	.000 .000	.000 .000	.000 .000
실업률	.170 .049	.261 .001	.241 .013	.215 .000	.223 .001	.225 .001	.236 .001
개방경제	.035 .020	.019 .015	.020 .008	.015 .011	.021 .009	.019 .009	.020 .006
노사분규	.010 .421						
노조조직률		.025 .257					
대통령이념			-.095 .804				
좌파득표율				-.256 .037			
중도좌득표율					.142 .656		
야당득표율						.150 .519	
민주화							.172 .540
constant	-2.128 .009	-1.870 .003	-1.408 .017	-1.074 .003	-1.44 .007	-1.381 .002	-1.376 .002
사례 수	28	33	34	34	34	34	34
수정 R^2	.943	.956	.949	.971	.947	.950	.951
rho	.121	.116	.182	-.063	.200	.179	.167
DW(최종)	1.893	1.909	1.872	2.044	1.856	1.875	1.876

주 : 각 변수 값의 위는 회귀계수, 아래는 p값을 나타낸다.

안상훈·백승호(2008)에서 유의미성이 확인된 것들로서, 여기서의 분석에서도 모두 통계적으로 의미가 있는 것으로 나타나고 있다. 즉, 최근까지의 한국 복지국가의 성장은 몇몇 정치적인 요인들을 통제한 상태에서도 산업화의 진전에 따른 자연적인 최소성장, 실업률의 상승에 대

한 수세적인 정책대응, 그리고 경제개방에 따른 노동운동 회유책 정도에 불과하다는 해석을 가능케 하는 결과들인 것이다.

그렇다면, 이러한 변수들이 통제된 상태에서 정치적인 변수들은 과연 한국 복지국가의 제도적 전환을 잉태하였는가? 적어도 여기서의 분석결과는, 한국에서의 민주주의 진전, 노동운동의 세력화, 진보정권으로의 역사적 교체 같은 정치적 상황의 격변이 사회복지의 제도적 변화의 추동력으로서는 거의 아무런 역할도 하지 못했다는 것을 보여 주고 있다. 통계적으로 무의미한 수준이라고는 해도 김대중 정부 이후의 정권교체가 오히려 복지지출에 대해 음의 영향력을 보이는 부분이나, 좌파정당에 대한 투표율이 통계적으로 유의미한 상태에서 음의 영향력을 보인다는 부분이 눈에 띄는 대목이다. 물론, 이상과 같은 정치적 상황 변화에 해당되는 시기가 전체 분석 시계열 중에서 상대적으로 짧은 기간에 불과하기는 하지만 한국 복지국가의 제도적 전환에 관한 진보정치의 영향은 경험적으로 아무런 근거를 확보하지 못한 것으로 평가할 수 있다. 지출수준의 급증으로 특징되는 최근 한국 복지국가의 변화라는 것도 결국은 산업화 과정, 경기침체 과정 혹은 경제개방 과정에서 파생되는 사회문제에 대한 거의 당연한 수준의 정책적 반응에 불과하며, 이 과정에서 진보정치의 영향력은 상대적으로 무시해도 좋을 수준이라는 결론이 가능할 것이다.

〈표 16〉에 대한 관찰은 〈표 17〉의 국민복지 수준(1인당 공공복지지출)을 종속변수로 한 분석결과에서도 거의 동일하게 나타나고 있다. 여기서도 구조기능주의적 이론인 산업화 논리가 가장 확실한 통계적 유의미성을 보여 주며, 공공부조에 경도된 낮은 수준의 복지제도와 안전장치가 배제된 노동시장구조의 후진성의 복합작용에 의해 실업률 상승이 복지지출로 직결되고 있음이 드러나는 것이다. 모형 2와 3에서 경제개방도가 통계적 의미가 없는 것으로 나타나고 있지만 다른 모든 변수에서는 유의미하다. 무엇보다 흥미로운 것은 위에서의 분석결과와

〈표 17〉 종속변수 '1인당 공공복지지출'에 대한 시계열 회귀분석 결과

변수	모형1	모형2	모형3	모형4	모형5	모형6	모형7
1인당 GDP	34.701 .000	33.415 .000	30.411 .000	32.071 .000	31.401 .000	31.861 .000	31.869 .000
실업률	25300.52 .017	30974.4 .001	25309.97 .020	28984.22 .000	29437.5 .000	29086.35 .000	29129.1 .000
개방경제	4125.687 .049	1762.327 .177	2030.167 .059	2260.035 .022	2300.429 .020	2263.27 .022	2257.277 .022
노사분규	-416.403 .793						
노조조직률		-3172.101 .439					
대통령이념			28576.26 .634				
좌파득표율				-3347.717 .833			
중도좌 득표율					16983.66 .639		
야당득표율						851.421 .974	
민주화							363.717 .993
constant	-442745.9 .001	-233708.5 .039	-268482.7 .007	-301733.6 .000	-309743.7 .000	-302642.3 .000	-302072.0 .000
사례 수	28	33	40	40	40	40	40
수정 R^2	.729	.757	.686	.683	.682	.681	.681
rho	.707	.685	.773	.774	.775	.776	.775
DW(최종)	1.748	1.972	1.917	2.031	1.965	1.984	1.982

주: 각 변수 값의 위는 회귀계수, 아래는 p값을 나타낸다.

마찬가지로 복지정치의 제도적 전환이라는 가설은 통계적으로 아무런 의미가 없는 것으로 드러나고 있다.

지금까지 살펴본 일련의 시계열 분석 결과를 통해 확인된 몇 가지의 사실들을 정리하면 다음과 같다. 첫째, 구조기능주의, 특히 산업화와

관련된 변수들이 가장 안정적이고 유의미한 것으로 나타났다. 둘째, 실업률의 변수는 독점자본화의 결과라기보다는 한국 복지국가의 잔여주의적 성격을 반영하는 것으로, 단기적 정책대응으로서 복지지출의 증가를 추동한 것이라고 해석하는 것이 타당하다. 셋째, 김대중·노무현 정부시 기가 '좌파성향'이거나 '진보적'이라고 전제할 수 있는지의 여부는 차치하더라도, 권력자원론에서 말하는 노동운동이나 좌파정치의 한국적 적용은 아직까지는 불가한 것으로 여겨진다. 요컨대, 한국 복지국가 성격에 관한 논쟁에서 종종 보이는 '민주정권기의 새로운 복지국가로의 전환'에 관한 가설은 적어도 주어진 자료와 그에 대한 분석에 의해 입증되지 못하고 있는 것이다. 이렇게 보면, 한국 복지국가의 성격이 발전국가형의 후진성을 넘어 새로운 제도적 전환을 이루었다는 논의를 하기에는 시기상조인 것으로 판단된다.

6. 비교 관점에서 본 한국 복지국가의 제도적 후진성

지금까지 살펴본 것처럼, 한국 복지국가가 후진성을 탈피하고 제도적 전환을 이루었다고 단언할 수 없다는 결론은 한국 복지국가의 수준을 다른 나라들과 비교하는 과정에서 그 유효성이 또다시 증명된다. 먼저 〈그림 11〉에서 2001년과 2005년 사이의 GDP 대비 공공사회지출 수준을 보자. 공공사회지출 총량 수준을 비교해 보면 2005의 경우 유럽 국가들이 대략 25%에서 30%선까지 분포하고 있었고, 미국·호주·일본과 같은 자유주의 국가들도 16~17%선에 이르는 지출 수준을 보였다. 반면, 한국은 2005년 GDP 대비 공공사회지출 수준이 6.9% 정도로 비교도 되지 않을 만큼 낮은 수준이다. 이는 유럽 국가들에 비교하면 4분의 1 수준이며, 기타 공공부조 중시형 국가들과 비교할 때에도 절반에도 못 미치는 수준이다.

물론 이제 갓 선진국 대열에 합류하기 시작한 한국을 다른 선진국들

〈그림 11〉 공공사회지출 비율 비교

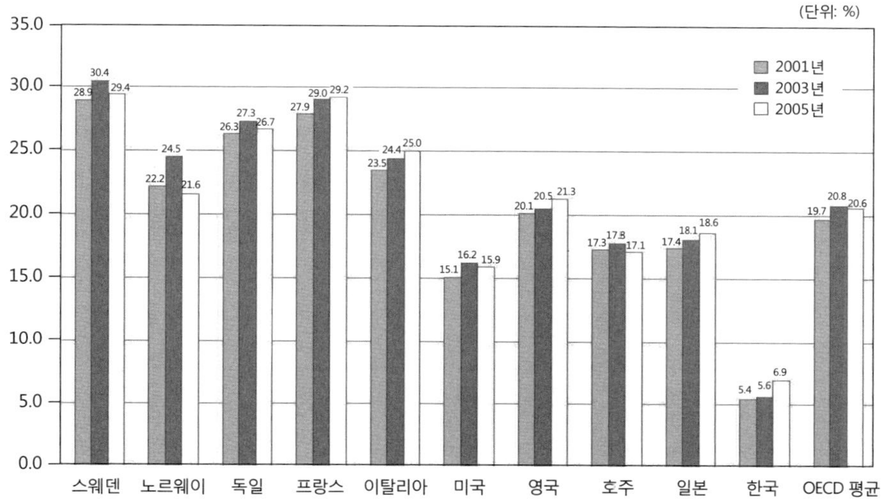

자료: OECD SOCX(각 연도).

과 일대일로 비교한다는 것은 무리일 수 있다. 그렇다면 경제 수준을 통제한 상태에서 비교할 경우 우리의 수준은 어떠한가? 〈그림 12〉는 1인당 GDP가 1만 달러 전후였던 시기의 공공사회지출 수준을 보여준다. 이즈음의 공공사회지출 수준을 비교해 보면, 유럽 국가들은 대부분 20% 이상의 높은 지출 수준을 보이고 있으며 미국, 호주, 일본 등도 10% 이상의 지출 수준을 보이고 있다. 한국의 경우는 경제 수준을 통제했음에도 불구하고 여전히 3.5%로 매우 낮은 지출 수준을 보이고 있다. 물론 이러한 비교는 각 국가의 사회보장제도 성숙 수준을 반영하고 있지 못하다는 비판이 있을 수 있다.

〈그림 13〉과 〈그림 14〉는 각각 1만 5천 달러와 1만 9천 달러의 1인당 GDP 수준을 달성하는 시점에서 위의 나라들이 어떠한 복지지출 수준으로 올라서는가를 보여 준다. 즉, 간접적으로나마 제도적 성숙을 반영한 비교를 가능하게 해 주는 자료들이다. 대부분의 나라에서 1인당

〈그림 12〉 1인당 GDP 1만 달러 전후의 공공사회지출 비율

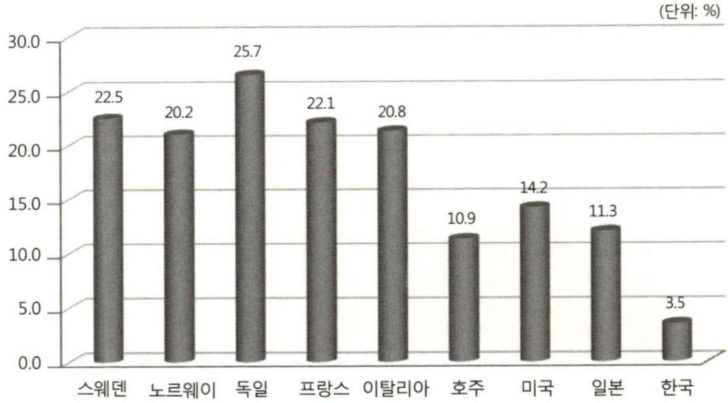

자료: GNP 대비, OECD SOCX(각 연도).

〈그림 13〉 1인당 GDP 1만 5천 달러 전후의 공공사회지출 비율

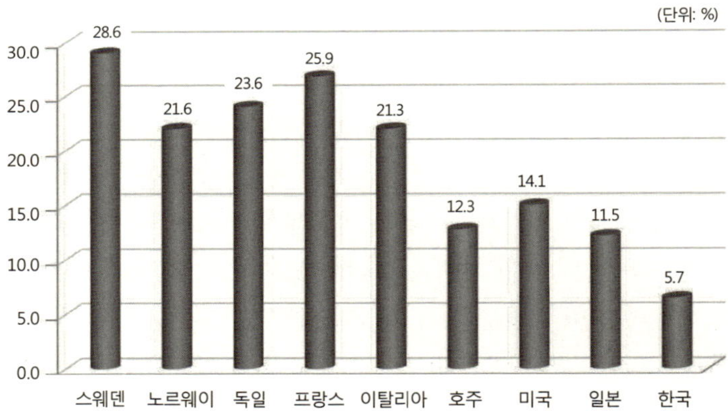

자료: GNP 대비, OECD SOCX(각 연도).

GDP 1만 달러 시점의 복지지출 수준은 1만 5천 달러, 1만 9천 달러 수준으로 올라서면서 현격한 변화를 겪지는 않고 있다는 사실이다. 보다 흥미로운 사실은 서로 다른 유형으로 구분되는 국가군들 사이에 차이

〈그림 14〉 1인당 GDP 1만 9천 달러 전후의 공공사회지출 비율

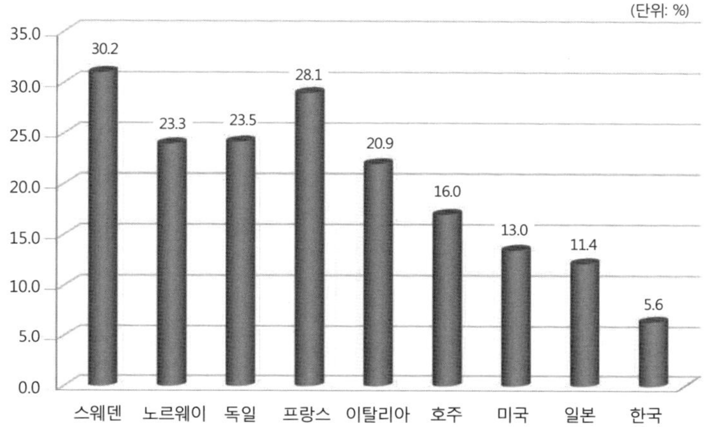

자료: GNP 대비, OECD SOCX(각 연도).

가 그대로 유지되고 있다는 점이다.

한국의 경우는 경제수준을 통제하거나 제도 성숙을 감안하더라도 일본을 포함한 다른 선진국들과 비교할 때 엄청나게 낮은 수준의 복지 지출을 보이는 후진국임에 틀림없다. 민주주의 확립 이후, 복지국가에 관한 각종 미사여구가 남발되었고 정권 차원의 정치적 도구로서 사회투자론과 같은 담론전략이 실제로 채택되기도 했으나, 한국 복지국가의 성격은 여전히 과거형에 머물고 있는 것이다. 이러한 상황에서 제도적 전환은 적어도 지금까지의 경험자료를 가지고는 함부로 얘기할 수 있는 것이 아니라는 것이 본 연구의 최종 결론이다.

VI. 결론

지금까지 해방 이후 한국 사회가 경험한 정치·경제적 상황의 변화 속에서 현대적 의미의 복지국가 제도화 과정을 정리하고, 제도주의적 전환점으로 작동할 수 있는 정치적 민주화, 노동운동의 진전, 진보세력의 제도권 진입 등 1990년대 한국 사회를 특징짓는 거시적 변화가 한국 복지국가의 제도적 성격 변화를 실제로 추동하였는지에 관한 시계열 분석과 국가 간 비교분석을 시도하였다. 현대 한국 복지국가의 변화를 정치·경제적 상황 변화에 따라 통시적으로 정리하고 그 변화의 의미를 실증적으로 분석한 것은 본 연구의 학술적 함의라 할 것이다. 다른 한편, 한국 복지국가의 거시적 상황 변화의 기저요인에 관한 분석이 향후 한국 복지국가의 개혁과 변화를 견인하기 위한 정책을 마련하는 과정에서 필요한 전략을 시사하고 있다는 점에서 본 연구의 정책적 함의를 찾을 수 있기도 하다.

연구의 주요 결과는 다음과 같다. 먼저, 권위주의 시대에서 민주화 시대를 거쳐 본격적인 민주주의 시대에 이르는 동안의 제도화 내용을 평가한 역사적 분석의 요점은 자유주의와 보수주의의 혼재, 그리고 발전주의적 산업화의 부산물로서의 복지국가 제도화라는 경로의존적인 발전을 지속한 것으로 요약된다. 그리고 이러한 제도화는 경제성장을 우선시하는 산업화 정책에 상보적인 방향으로 이루어졌고, 최근의 정치적 민주화 이후에도 제도적인 차원의 역사적 변곡점을 형성하는 결과에 이르지는 못한 것으로 평가된다.

이승만 정부 시기의 자유주의적 혹은 선별주의적인 국가책임의 방기는 국가가 수립되는 과정에서 북한과의 체제경쟁과 미국의 입김 강화에서 비롯된 것으로 해석할 수 있다. 이 시기의 복지국가 제도화는 발전주의적인 산업화와 그에 따른 복지제도화 전략마저도 철저하게 부재한 복지국가의 암흑기였다. 이승만 정부의 몰락에 이은 정치적 혼란기를 틈탄 군사쿠데타로 수립된 박정희 정부는 권위주의적 정당성 확보의 돌파구를 국가가 주도하는 발전주의적 산업화전략에서 찾게 된다. 정치적 비민주성의 반면에 얻어진 효율적 통제는 경제 부문의 엄청난 성공으로 귀결된다. 이 시기 복지제도화의 특징은 특수직역연금의 도입으로 대표되는 국가에 대한 충성 집단에 대한 보수주의적 당근정책과 경제성장의 종속물로서 복지국가 제도화를 판단하는 전형적인 발전주의, 그리고 매우 낮은 수준의 선별주의적 복지 시행으로 요약될 수 있다. 이은 전두환 정부도 전반적인 의미에서 박정희 정부의 정책노선을 답습하였고, 그 성격 또한 크게 다르지 않았다고 평가할 수 있다.

6·29선언으로 요약되는 민주화 시대의 도래와 정치적 권위주의의 탈피 경향에도 불구하고 노태우 정부의 경제정책은 국가 주도의 산업구조조정과 재벌로의 경제력 집중, 수출주도형 성장정책이 중심에 있다는 점에서 전두환 정부의 정책의 연장선에 있었다. 노태우 정부 기간에 진전된 정치적 민주화는 시민단체의 활동과 노동운동의 활성화로 이어졌고, 그 결과 사회복지제도의 발전을 가져오는 데 일부 기여하기도 하였다. 그럼에도 불구하고 수출 주도형 성장정책의 견지, 집권 후반기 정권의 안정, 동구 사회주의의 몰락에 의한 이념적 우경화 등으로 실질적인 복지국가 제도의 전환으로 이어지지는 못했다. 노태우 정부

시기의 복지국가 제도는 사회보험을 강화했다는 점에서 보수주의적인 성격을 유지한 시기이며, 경제성장 우선이라는 정책기조를 보건대 여전히 발전주의적인 색채가 농후한 시기로 평가할 수 있을 것이다. 사회복지를 권리로 요구하는 국민의식의 신장과 이것이 의제로 부상할 수 있는 민주화의 진전이라는 좋은 상황에도 불구하고 김영삼 정부하에서의 경제성장 우선과 자유시장경제에 대한 과도한 신념은 복지국가 제도의 일대 전환으로 이어지지는 못하였다. 즉, 김영삼 정부의 기본적인 인식은 자유주의 시장경제의 활성화를 우선시하는 것으로 요약되며 이러한 상황 속에서 복지국가 제도화의 성격도 크게 다를 수 없음은 쉽게 파악되는 사실이다. 총평컨대, 민주화 시대로 분류되는 김대중·노무현 정부 시기는 기존의 사회보험제도를 착근시키는 등 보수주의적 제도화가 강화되기도 하지만 질적으로 새로운 복지국가로의 전환 시도는 목도되지 않은 시기라고 평가할 수 있다.

수평적 정권교체가 이루어진 본격적인 민주주의 시대에도 현대 한국 복지국가의 큰 특징이었던 자유주의적 저발전 시나리오는 크게 달라지지 않았다. 김대중 정부 시기에는 김영삼 정부가 초래한 경제위기의 극복이 최대 국정 현안이 되어 버렸고, 대통령 자신의 진보적 성격에도 불구하고 IMF가 요구하는 신자유주의적 처방을 착실히 수행하는 것 외에 다른 수가 별로 없었다. 물론 김대중 정부 기간 동안 사회복지제도가 양적으로 크게 확대된다. 노동조직과 시민사회가 사회복지제도 확대를 위해 조직적으로 노력하고 정부도 노사정위원회와 같은 기구를 통해 서구 사민주의의 조합주의적인 의사결정 시스템으로 기존에 배제되었던 사회세력을 감싸 안는 등 복지국가 제도개혁의 호조건이 마련되기도 했다. 하지만 김대중 정부의 복지개혁 조치는 자활을 강조하는 '생산적 복지'로 대표되듯이 IMF 구제금융 시대의 신자유주의적 노선에 경도될 수밖에 없었다. 노무현 정부가 추진한 사회투자정책도 복지국가의 투자적 성격을 지나치게 강조하고 민간부문의 복지제공을 참여복지의 이름으로 강조하는 등 신자유주의로부터 그리 멀지 않은 곳에서 전반적인 정책기조를 형성하였다. 저출산·고령사회를 대비한 복지국가의 새로운 비전을 수립하는 등 담론 차원의 진일보라는 평가는 가능할 것이지만, 김대중 정부 시기의 자유주의적 제도화의 유산은 이 시기에도 새로운 복지국가 제도화로의 연결을 가로막고 만다. 경제적 범세계화의 조류 속에서, 민주주의 시대의 자유주의적 가치는 결국 시장주의로 연결되었고, 진일보한 복지국가로의 제도적 전환은 가시화되지 못한 것으로 평가할 수 있다.

역사적 분석을 통해 확인한 것처럼, 한국 복지국가 저발전성의 경로유지 내지 공고화 현상은 복지지출 수준 변화와 그러한 변화의 추동요인을 이론적으로, 또 실증적으로 살펴본 계량적 분석에서 재확인된다. 한국 복지국가의 새로운 경로를 제안하는 기존 연구들에 비해 보다 최신의 자료와 보다 정교한 분석방법을 적용한 본연구의 결과가 더 신뢰할 만하다는 전제 아래 다음과 같은 논의가 가능하다.

가장 가시적인 분석 결과는, 현대 한국 복지국가의 변화가 수출주도형 산업화와 실업률 상승에 따른 상당히 기본적인 성장에 불과하다는 점이다. 즉, 김대중 정부 이후 한국 복지국가에 근본적인 제도적 변화가 이루어졌다는 주장들은 본 연구의 분석 결과 경험적인 타당성을 확보하지 못하는 것으로 드러난다.

좀 더 자세하게 살펴보자면, 한국의 복지지출 수준을 결정하는 가장 큰 요인은 국민경제의 수준으로 나타났는데, 이는 산업화론에서 말하는 것처럼, 산업화에 따른 각종 사회문제를 해결하는 과정에서 나타나는 기능적이고 자동적인 대응으로서 복지국가가 제도화되었음을 시사한다. 또한 경제개방화의 영향력이 한국 복지국가의 성장을 저해하고 있다는 세계화론적 해석보다는, 노동운동에 대한 산업적 관리의 형태로 복지국가를 증진시킨다는 기존의 개방경제론의 해석이 타당한 것으로 나타났다. 이 논리에서 보자면, 굳이 노동정치가 주요인일 필요는 없으며 국가엘리트에 의해 주도되는 포섭전략적 복지제도화가 시도된 것이라 평가할 수 있다. 최근 복지국가 발전에서 노사정위원회와 같은 조합주의적 기구의 역할이 그다지 크지는 못했기 때문에 본격적인 노사분규 관리기제로서의 복지국가 발전이라고 볼 수는 없을 것이다. 다음으로는, 시계열 회귀분석에 포함된 모형들 대부분에서 실업의 증가가 복지지출의 증가를 견인하는 것이 확인되었는데 특히 민주주의 시대, 즉 김대중 정부 이후의 '복지폭증'이 같은 시기 경제위기 상황에서 촉발된 실업증가에 기인한다는 발견(백승호·안상훈, 2007)에 대한 간접적 입증이라 할 것이다.

반면, 복지국가의 제도적 전환의 상황적 배경이 되는 정치적 변수들은 시계열 회귀분석에 포함된 거의 모든 모형에서 통계적 의미가 전혀 없거나 방향성 측면에서도 혼란스러운 것이 확인된다. 요컨대, 민주화 이후 한국 사회에서 진일보한 복지국가로의 일대전환이 있었다는 기존의 주장은 적어도 주어진 시기 내에서는 별다른 설득력이 없는 것으로 판명되었다. 이 점은, 시계열 자료에 대한 주요 변수들의 기술분석이나 시대구분에 따른 역사적 분석에서 시사한 결론을 재확인한 것으로, 방법론적 다각화에 의해 다면적으로 검증되었다고 할 수 있다.

결론적으로, 본연구의 다면적 분석을 통해 확실하게 증명된 가설은, '현대 한국의 복지국가가 여전히 산업화와 관련된 기능적이고 자연적인 증가로 요약되는 제한적 복지국가로서의 제도적 특성을 보인다'는 점이다. 물론 미국발 금융위기 이후 선진국에서도 신자유주의의 일정 정도 후퇴가 엿보이고, 보수진영에서도 복지 비전에 관심을 표명하는 등 새로운 종류의 국가개입주의가 합리적 타당성을 획득하는 것을 볼 때, 한국의 복지국가 제도화가 진일보하지 못할 것이라고 단언할 수는 없을 것이다. 다만, 시시각각 변화하는 한국의 정치·경제 상황 속에서 보다 확실한 결론을 내리기 위해서는 시간을 좀 더 두고 차분하게 지켜봐야 할 것이다.

참고문헌

감정기·최원규·진재문(2002). 『사회복지의 역사』. 나남출판.

강문구(2007). 「한국의 민주적 공고화와 노무현 정부의 개혁정책」. 『국제정치연구』 10(2): 365-383.

고경환 외(2002). 『한국사회복지비 추계: 1990~1999』. 한국보건사회연구원.

곽효문(1993). 「한국 사회복지정책의 결정요인에 관한 실증적 연구」. 한양대학교 박사학위논문.

곽효문(1995). 「한국복지정책의 결정에 있어서 수렴·통제이론의 적용」. 『정책분석평가학회보』 5(1): 55-80.

구인회(2006). 『한국의 소득불평등과 빈곤: 소득분배 악화와 사회보장정책의 과제』. 서울대학교출판부.

권순원·고일동·김관영·김선웅(1992). 『분배불균등의 실태와 주요정책과제』. 한국개발연구원.

김기호(2005). 「인구고령화가 경제성장에 미치는 영향」. 『금융경제연구』 224: 1-33.

김만흠(2006). 『민주화 이후의 한국정치와 노무현 정권』. 한울.

김미혜·정진경(2003). 「한국의 사회복지비 지출 변화요인에 관한 연구」. 『사회보장연구』 19(1): 1-21.

김상균(2006). 「20세기형 사회안전망에서 21세기형 사회안전망으로」. 김광억·황익주 편, 『광복 60년: 우리는 어디에 와 있는가?』. 서울대학교출판부.

김상균 외(2005). 『비교빈곤정책론: 빈곤과 빈곤정책의 동향에 관한 국제비교』.

나남.
김순옥(2005). 「장래인구와 국민연금재정」. 『연금포럼』 17: 13-18.
김연명 편(2002). 『한국복지국가 성격논쟁 I』. 인간과복지.
김영화·김지숙(2006). 「한국사회복지정책의 주요 변화를 통해 본 한국의 국가 위기전략: 조절이론의 관점을 중심으로」. 『사회복지정책』 26: 149-175.
김왕식(1999). 「한국의 외환위기의 원인과 발생과정」. 백광일·윤영관 편, 『동아시아: 위기의 정치경제』. 서울대학교출판부.
김용현(2005). 「취업계수와 고용탄성치를 통해 본 우리 산업의 고용창출능력」. 『노동리뷰』 2005년 2월호, 23-36.
김인걸 외 편(1998). 『한국현대사 강의』. 돌베개.
김종숙·강민정·정형옥(2005). 「여성 비정규직 노동의 특성과 정책과제」. 한국여성개발원.
김진무·권문일·김성숙·이용하·한성윤(1997). 「각국의 공적연금제도 비교 연구(III)」. 국민연금공단.
김태성(2000). 「'생산적 복지', 무엇을 해야 하나?」. 『사회복지연구』 16: 25-48.
김태성·성경륭(2000). 『복지국가론』. 나남.
김태성·류진석·안상훈(2005). 『현대복지국가의 변화와 대응』. 나남.
김행범(1993). 「복지정책의 산출요인에 관한 연구: 시계열 및 횡단분석적 접근」. 서울대학교 박사학위논문.
남찬섭(2000). 「한국 복지제도의 전개 과정과 성격」. 한국사회과학연구소 사회복지연구실 편, 『한국 사회복지의 현황과 쟁점』. 인간과복지.
남찬섭(2007). 「IMF 경제위기 이후 한국 사회복지 변화의 역사적 성격」. 『2007년도 한국사회복지연구회 추계학술대회자료집』. 한국사회복지연구회.
노대명 외(2006). 『중장기 사회보장제도 개편방안』. 한국보건사회연구원.
노인철·김수봉(1996). 『사회보장재정의 국제비교와 전망』. 한국보건사회연구원.
다케가와 쇼고(2006). 「일본·유럽과의 비교시점에서 본 한국 복지국가」. 안상훈 외, 『미래한국의 경제 사회정책의 쟁점과 과제』. 한국노동연구원.
대통령비서실 삶의 질 향상기획단(2000). 『(새천년을 향한)생산적 복지의 길: 「국민의 정부」 사회정책 청사진』. 퇴설당.
문옥륜 외(2004). 『건강보장론』. 신광출판사.
문형표 외(2004). 「인구고령화와 거시경제」. 한국개발연구원.
박경애·최기홍(2006). 「증감 노동생명표에 의한 노동기대여명의 측정과 전망」. 『한국인구학』 29(3): 51-72.
백승호·안상훈(2007).「한국 복지국가의 구조와 성격에 관한 연구: 공공사회복지 지출 분석을 중심으로」.『사회복지연구』 35: 337-362.
백종국(2006).「한국의 민주적 공고화의 현실과 과제: 노무현 정부를 중심으로」.『동북아 연구』 11: 75-99.
백화종·최병호·김수봉·김태완(2003).『사회보장발전의 중장기 전망과 방향: 사회보장지출 및 부담, 급여 형평성 분석을 중심으로』. 한국보건사회연구원.
보건복지부(2007).「사람이 희망입니다」. 보건복지부 연두 업무보고자료.
보건복지부·한국보건사회연구원(2006).「복지재정의 비전과 과제」.
서봉섭(1997).「한국 정부의 민주화와 복지정책의 변화」.『한국행정학보』 31(1): 95-111.
서상목(1979).「빈곤인구의 추계와 속성분석」.『한국개발연구』 여름호, 13-30.
서울대학교 사회복지연구소(2006).「아동백서, 중장기 아동정책 및 국가행동계획 연구」.
서울대학교 사회정책연구그룹(2008). 비교사회정책 데이터셋(Comparative Social Policy Dataset, 연구책임: 안상훈).
성경륭(1991).「한국의 정치체제변동과 사회정책의 변화: 정치사회학적 분석」.『사회복지연구』 3: 109-146.
세계화추진위원회(1995).『세계화의 비전과 전략』. 서울프레스.
송백석(2005).「국가형태와 국가정책: 김대중 정권의 재벌정책 분석을 중심으로」.『한국사회학』 39(2): 149-184.
신동면(2001).「김영삼 정부의 사회복지정책: 세계화와 사회복지」.『연세사회복지연구』 6·7: 79-103.
안강식(1995).「한국 사회복지지출의 결정요인에 관한 연구」. 부산대학교 박사학위논문.
안상훈(2001).「스웨덴의 실업자 및 빈곤계층 지원정책과 창업지원제도」. 실업자 및 자활대상자 고용지원 활성화 방안에 대한 보고서. 한국노동연구원.
안상훈(2005).「생산과 복지의 제도적 상보성에 관한 연구: 선진자본주의 국가를 중심으로」.『한국사회복지학』 57(2): 205-230.
안상훈(2007a).「복지국가재편기 북유럽 탈빈곤 정책의 변화」.『사회복지연구』 33: 313-337.
안상훈(2007b).「세계화 시대, 생산적 보완성이 높은 복지전략에 관한 비교사회정

책연구: 사회서비스형 복지국가 전략의 경제적 성과를 중심으로」. 『사회복지연구』 32: 131-160.
안상훈 편(2007c). 『미래 한국의 경제사회정책의 쟁점과 과제』. 한국노동연구원.
안상훈(2008). 『기로에 선 중산층: 현실진단과 복원의 과제』. 인간사랑.
안상훈 외(2007). 「지속가능한 한국의 복지국가 비전과 전략」. 서울대학교 사회과학연구원(보건복지부 용역보고서).
안상훈·백승호(2008). 「한국 복지국가 지출변화 결정요인 분석」. 『사회복지연구』 37: 117-144.
안상훈·홍경준·백승호·백정미·주은선(2007). 「복지국가 비교연구를 위한 한국 통계자료」(한국학술진흥재단 지원과제, 2005-078-BS0007, 연구책임: 안상훈).
오승석(1992). 「우리나라 사회정책산출의 변화요인에 관한 연구」. 서울대학교 박사학위논문.
유광호·이혜경·최성재(2005). 『한국의 사회보장』. 유풍출판사.
이동윤(2005). 「대통령의 리더쉽과 의회정치: 노무현 대통령의 참여정부 전반기 평가」. 『동서연구』 17(2): 5-34.
이두호 외(1992). 『국민의료보장론』. 나남.
이인재(2006). 「사회적 일자리정책과 사회서비스 일자리 정책의 도전과 함의」. 『2006년 한국사회복지학회 추계 공동학술대회 발표자료집』.
이인재·류진석·권문일·김진구(2006). 『사회보장론』. 나남.
이현주 외(2003). 『공공부조와 사회복지서비스의 체계분석 및 재편방안』. 한국보건사회연구원.
이혜경(1993). 「권위주의적 자본주의 사회에서의 복지국가의 발달: 한국의 경험」. 『한국사회복지학』 21: 162-191.
재정경제부 경제정책국 종합정책과(2007). 「참여정부 4년 경제운영 평가 및 과제」. 『재정포럼』 2007년 3월호, 93-109.
재정경제부·보건복지부·노동부·기획예산처·빈부격차차별시정위원회(2004). 「일을 통한 빈곤탈출 지원정책」. 제56회 국정과제회의 자료.
전남진(1987). 『사회정책학강론: 복지정책의 수립과 분석』. 서울대학교출판부.
전준구(2001). 「한국사회복지정책산출의 결정요인분석(1963-1997)」. 『한국사회복지정책』 12: 224-252.
정무권(1993). 「국가자율성, 국가능력, 사회보장정책: 유신체제의 연금제도와 의료보험정책을 중심으로」. 『한국행정학보』 27(2): 493-516.
정무권 편(2009). 『한국 복지국가 성격논쟁 II』. 인간과복지.
정익중(2006). 「새로운 아동복지서비스의 수요와 전문인력 개발의 과제」. 한국아동복지학회 2006년 추계학술대회.
조흥식(1996). 「해방 50년과 남한의 공공복지」. 『상황과 복지』 창간호, 13-38.
주학중(1979). 「계층별 소득분포의 추계와 변동요인」. 『한국개발연구』 1(1): 22-43.
최장집(2006). 『민주주의의 민주화』. 후마니타스.
통계청(2002). 장래가구추계.
통계청(2006). 장래인구추계결과.
통계청(각 연도). 경제활동인구조사.
한국노동연구원 고용보험연구센터 편(2002). 『중장기 인력수급 전망(2002-2010)』. 한국노동연구원.
한국보건사회연구원(2006). 「5개년 저출산고령사회기본계획 수립연구(1차)」.
현정택(2006). 중앙일보 기고문, 2006.2.23.
홍경준(1998). 「한국과 서구의 국가복지 발전에 대한 비교사적 검토: 전통과 탈현대의 사이에서」. 『한국사회복지학』 35: 427-451.
황수경(2005). 「연공서열을 다시 생각한다」. 『노동리뷰』 1(2):1-12.

Ahn, S.-H. (2000). *Pro-Welfare Politics: A Model for Changes in European Welfare States*. Uppsala: Uppsala University Press.
Albert, M. (1991). *Capitalisme contre Capitalisme*. Paris: Le Seuil.
Baldwin, P. (1990). *The Politics of Social Solidarity: Class Bases of the European Welfare State, 1875-1975*. Cambridge: Cambridge University Press.
Bradbury, B. and M. Jantti (2001). "Child Poverty across Industrialized Nations." LIS Working Papers, No. 205.
Brady, B. and J. D. Stephens (2004). Comparative Welfare States Data Set (http://www.lisproject.org).
Cameron, D. (1978). "The Rise and Decline of Welfare Capitalism." In *Workers in Industrial America*. New York: Oxford University Press.
Crouch, C. and W. Streek (eds.)(1997). *Political Economy of Modern Capitalism. Mapping Convergence and Diversity*. London: Sage Publications.
Dahl, Rovert A.(1968). "A Critique of the Ruling-Elite Model." *American Political*

Science Review, 52(June): 463-469.

DiMaggio, P. and W. Powell (1983). "The Iron Cage Revisited: Institutional Isomorphism and Collective Rationality in Organizational Fields." *American Sociological Review*, 48(2): 147-160.

Dore, R. (1997). "The Distinctiveness of Japan." In C. Crouch et al. (eds.), *Political Economy of Modern Capitalism*. London: Sage Publications.

Durkheim, E. (1893). *The Division of Labor in Society*. Translated by George Simpson. New York: Glencoe: Free Press.

Ebbinghaus, B. and P. Manow (2001). "Introduction: Studying Varieties of Welfare Capitalism." In B. Ebbinghaus and P. Manow (eds.), *Comparing Welfare Capitalism: Social Policy and Political Economy in Europe, Japan, and the USA*. London: Routledge.

Esping-Andersen, G. (1990). *The Three Worlds of Welfare Capitalism*. Cambridge: Polity Press.

Esping-Andersen, G. (1996). "After the Golden Age? Welfare State Dilemmas in a Global Economy." In Esping-Andersen (ed.), *Welfare States in Transition: National Adaptations in Global Economies*. London: Sage Publications.

Esping-Andersen, G. (1999). *Social Foundations of Post-industrial Economies*. Oxford: Oxford University Press.

Esping-Andersen, G. and W. Korpi (1985). "Social Policy as Class Politics in Post-War Capitalism." In John H. Goldthorpe (ed.), *Order and Conflict in Contemporary Capitalism*. Oxford: The Clarendon Press.

Esping-Andersen, G. and M. Regini (eds.) (2000). *Why Deregulate Labour Markets?* Oxford: Oxford University Press.

Gough, I. (2000). "Welfare Regimes in East Asia and Europe. Paper presented at the conference.'Toward the New Social Policy Agenda in East Asia'." Paris, June 27, 2000.

Hall, P. A. (1999). "The Political Economy of Europe in an Era of Interdependence." In Herbert Kitschelt et al. (eds.), *Continuity and Change in Contemporary Capitalism*. Cambridge: Cambridge University Press.

Hendricks, J. and C. A. Leedham (1991). "Dependency or Empowerment? Toward a Moral and Political Economy of Aging." In M. Minkler and C. L. Estes (eds.), *Critical Perspectives on Aging: The Political and Moral Economy of Growing Old*. New York: Baywood Publishing Company.

Holiday, I. (2000) "Productivist Welfare Capitalism: Social Policy in East Asia." *Political Studies*, 48: 706-723.

Huber, E. and J. D. Stephens (1999). "Welfare States and Production Regimes in the Era of Retrenchment." Occasional Papers. Institute for Advanced Study, Princeton.

Huber, E., C. Ragin, and J. D. Stephens (1993). "Social Democracy, Christian Democracy, Constitutional Structure, and the Welfare State." *American Journal of Sociology*, 99: 711-749.

Johnson, C. (1982). *MITI and the Japanese Miracle: The Growth of Industrial Policy, 1925-1975*. Stanford: Stanford University Press.

Katzenstein, P. (1985). *Small States in World Markets*. Ithaca, NY: Cornell University Press.

Kuhnle, S. (2000). "European Welfare Lessons of the 1990s." In S Kuhnie (ed.), *Survival of the European Welfare State*. London: Routeldge.

Lange, P. and H. Meadwell (1990). "Typologies of Democratic Systems: From Political Inputs to Political Economy." In H. J. Wiarda (ed.), *New Directions in Comparative Politics*. Boulder: Westview Press.

Lewis, J. (1992). "Gender and the Development of Welfare Regimes." *Journal of European Social Policy*, 2(3): 159-173.

Lindblom, C. D. (1977). *Markets and Politics*. New York: Basic Books.

Miliband, R. (1969). *The State in Capitalist Society*. New York: Basic.

Mishra, R. (1984). *The Welfare State in Crisis*. Brighton: Wheatsheaf.

Nee, V. and P. Ingram (1998). "Embeddedness and Beyond: Institutions, exchange and social structure." In M. Brinton and V. Nee (eds.), *The New Institutionalism in Sociology*. Stanford: Stanford University Press.

OECD (2001). Economic Outlook.

OECD (2003). Labor Force Statistics.

OECD (2006). Employment Outlook.

Olsen, Gregg M. (1991). "Labour Mobilization and the Strength of Capital: The Rise and Stall of Economic Democracy in Sweden." *Studies in Political*

Economy, 34: 109-146.

Pampel, F. and J. Williamson (1989). *Age, Class, Politics and the Welfare State.* New York: Cambridge University Press.

Parsons, T. (1902). *Social Systems and the Evolution of Action Theory.* New York: Free Press.

Pierson, C. (1991). *Beyond the Welfare State? The New Political Economy of Welfare.* Cambridge. UK: Polity Press.

Piore, M. J. and C. F. Sabel (1984). *The Second Industrial Divide.* New York: Basic Books.

Poulantzas, Nicos (1969). "The Problem of the Capitalist State." *New Left Review*, 58: 67-78.

Rothstein, B. (1992). "Labor Market Institutions and Working-Class Strength." In Katleen Thelen and Sven Steinmo (eds.), *Structuring Politics: Historical Institutionalism in Comparative Analysis.* New York: Cambridge University Press.

Rothstein, B. and S. Steinmo (2002). "Restructuring Politics: Institutional Analysis and the Challenges of Modern Welfare States." In B. Rothstein and S. Steinmo (eds.), *Restructuring the Welfare State.* New York: Palgrave Macmillan.

Sayrs, L. W. (1989). *Pooled Time Series Analysis.* London: Sage Publications.

Schmidt, V. A. (2000). "Values and Discourse in the Politics of Adjustment." In F. W. Scharpf and V. A. Schmidt (eds.), *Welfare and Work in the Open Economy.* Oxford: Oxford University Press.

Soskice, D. (1991). "The Institutional Infrastructure for International Competitiveness: A Comparative Analysis of the UK and Germany." In A. B. Atkinson and R. Brunetta (eds.), *Economies for the New Europe.* London: Macmillan.

Soskice, D. (1999). "Divergent Production Regimes: Coordinated and Uncoordinated Market Economies in the 1980s and 1990s." In H. Kitschelt et al. (eds.), *Continuity and Change in Contemporary Capitalism.* Cambridge: Cambridge University Press.

Stimson, J. A. (1985). "Regression in Space and Time: A Statistical Essay." *American Journal of Political Science*, 29(4): 914-947.

Suh, S. M. and H. C. Yeon (1992). "Social Welfare during the Period of Structural Adjustment." In V. Corbo and S. M. Suh (eds.), *Structural Adjustment in a Newly Industrialized Country: The Korean Experience*. Baltimore: The Johns Hopkins University Press.

Titmuss, R. (1974). *Social Policy*. London: George Allen and Unwin Ltd.

Wilensky, H. L. (1975). *The Welfare State and Equality*. Berkeley: University of California Press.

Abstract

Contemporary Korean Welfare State in Transition

Sang-Hoon Ahn

This study is composed of two parts. The first part sheds light on the historical changes of the contemporary Korean welfare state between 1945 and 2007. In the second part, the main hypothesis raised in the first part of whether we can find a historical turning point of the welfare institution after the political democratization in Korea is analyzed more explicitly with a statistical time-series analysis.

Tracing and relating the major driving forces behind the contemporary welfare state transition, it was found that there are only a few previous studies on the determinants of the development of the Korean welfare state. These previous studies have limitations in terms of the reliability of the data sources, the validity of the statistical methods they use, and the fragmentation of the time periods and themes they analyze. Rearranging a series of historical documents and using the newly assembled Comparative Social Policy Dataset (CSPD), this study tries to overcome the limitation of earlier research.

The major results of the study are as follows. First, the industrialization which underlines the characteristics of the contemporary Korea has been the most influential driving force behind the changes in the Korean welfare state since 1945. Second, the politics of the left based on power resource theory should be cautiously interpreted in that the associated implications are currently in vogue but in a very mild way.

In conclusion, the contemporary Korean welfare state is still in its rudimentary stage, where the theory of industrialization and the thesis of the developmental state are rather well applied in interpreting the recent changes in it.

찾아보기

ㅇ

ㅈ

ㅊ

ㅎ

발간사

'한국학'에 대한 관심과 요구가 국내외에서 높아지고 있다. 한국학을 전공으로 하는 학과도 생겨나고 한국학 연구자들의 국제학술대회도 종종 접하게 된다. 한국사회가 짧은 시기에 보여 준 역동적인 변화에 대한 학문적 관심이 나라 안팎으로 증대된 결과일 것이다. 한국의 역사와 문화, 사회적 경험이 점점 더 많은 연구자들의 관심대상으르 되고 있다는 사실은 매우 반가운 일이다.

한국학이란 고정된 분과학문 체계 내의 한 부분영역이 아니라 다양한 분과학문들이 함께 참여하는 학제적 연구의 성격을 지닌다. 한국학은 과거의 전통에 깊은 관심을 갖지만 현재의 문제들에도 주목하며 미래의 전망을 모색하는 작업도 포함한다. 인문학적 논의와 사회과학적 관심은 물론이고 자연과학적 문제의식과 예술적 시각이 함께 어우러지는 곳이다. 당연히 한국학은 국내의 연구자들이 자신의 특수성만을 부각시키는 폐쇄적인 장이 아니라 전 세계의 학자들이 자유롭게 참여하는 지적 토론의 공간이다. 한국을 대상으로 한 다양한 연구를 지원하며 진지한 논의와 지적 실험을 뒷받침하는 것이야말로 한국학의 가장 중요한 역할이라 할 것이다.

이런 의미에서 한국학은 한국의 문화와 역사적 경험을 전 인류의 문화유산과 역사적 경험의 한 부분으로 바라보는 전 지구적 시각을 요구받고 있다. 한국학은 한국사회의 경험을 연구하되, 그것을 21세기 세계사적 과제들과 더불어 사고함으로써 새로운 문명적 대안을 모색하는 전 지구적 논의에 적극적으로 동참하는 작업이 되어야 한다. 이런 종합적이고 개방적인 연구의 집적을 통해서만 한국의 특수성만을 절대화하는 오류에서 벗어나면서 동시에 서구의 눈으로 한국을 대상화, 타자화하는 오리엔탈리즘적 지역학의 한계도 극복할 수 있는 길이 열릴 것이다.

한국의 학문 발전에 큰 책임을 지고 있는 서울대학교는 한국학의 바람직한 발전을 위해 적극적인 역할을 하고자 한다. 이를 위해 별도의 연구기금을 마련하여 '한국학 장기기초연구 지원사업'을 추진하고 이 사업의 결과물들을 모아 연구총서, 자료총서, 모노그래프를 출간하기로 했다. 서울대학교 교수진의 연구역량과 진지한 문제의식이 결집됨으로써 한국학의 연구수준이 더욱 높아지고 내용이 보다 풍부해질 것을 믿고 있다. 이 연구사업이 해를 거듭할수록 한국사회에 대한 이해가 깊어짐은 물론이고 한국의 경험을 통해 세계 학계의 시각과 논의도 더욱 풍성해질 것을 기대해 마지않는다.

2003년 8월

서울대학교 규장각한국학연구원 한국학연구사업위원회

서울대학교 규장각한국학연구원 한국학모노그래프

01 예빈도에 보인 고구려: 당 이현묘 예빈도의 조우관을 쓴 사절에 대하여 | 노태돈

02 현대 한국유교와 전통 | 금장태

03 살인의 진화심리학: 조선 후기의 가족 살해와 배우자 살해 | 최재천 · 한영우 · 김호 · 황희선 · 홍승효 · 장대익

04 무협소설의 문화적 의미 | 전형준

05 정조시대의 무예 | 나영일

06 벼락도끼와 돌도끼: 고고자료에 대한 전통적 인식 연구 | 이선복

07 한국 옛 경관 속의 생태지혜 | 이도원

08 식민권력과 통계: 조선총독부의 통계체계와 센서스 | 박명규 · 서호철

09 한국의 천연염료: 전통염료와 천연염색기술 | 김재필 · 이정진

10 북한의 의학교육 | 박재형 · 김옥주 · 황상익

11 국문 글쓰기의 재탄생 | 권영민

12 사할린 귀환자 | 이순형

13 조선시대의 간척지 개발: 국토 확장과정과 이용의 문제 | 박영한 · 오상학

14 3칸×3칸: 한국 건축의 유형학적 접근 | 전봉희 · 이강민

15 위성영상을 이용한 북한지역의 해안습지연구: 평안남도를 사례로 | 유근배

16 한국 구비문학에 수용된 재담 연구 | 서대석

17 한국 자본자유화와 금융자유화의 근년변화: OECD 가입 및 IMF 사태 이후의 실상, 평가 및 대응 | 이천표

18 구어 한국어의 의향법 실현방법 | 권재일

19 조선시대 복식에 나타난 적색계 색명의 의미 | 남윤자 · 김순영 · 박성실